VERFASSUNGSRECHTLICHE URSPRÜNGE,
STRUKTUREN UND WANDEL IN BUNDESSTAATEN

GLOBALER DIALOG ZUM FÖDERALISMUS
Ein gemeinsames Programm des Forum of Federations und der International Association of Centers for Federal Studies

HERAUSGEBERRAT:

KO-VORSITZ
Raoul Blindenbacher, Kanada / Schweiz
Cheryl Saunders, Australien

CHEF-HERAUSGEBER DER BUCHREIHE
John Kincaid, USA

David Cameron, Kanada
J. Isawa Elaigwu, Nigeria
Thomas Fleiner, Schweiz
Chandra Pasma, Kanada
Fernando Rezende, Brasilien
Horst Risse, Deutschland
Nico Steytler, Südafrika
Ronald L. Watts, Kanada

www.forumfed.org
www.iacfs.org

Global Dialogue Programm Publikationen
BÜCHER
Constitutional Origins, Structure and Change in Federal Countries (2005), Volume 1
Distribution of Powers and Responsibilities in Federal Countries (2006), Volume 2
Legislative, Executive and Judicial Governance in Federal Countries (2006), Volume 3

BOOKLETREIHE
Verfassungsrechtliche Ursprünge, Strukturen und Wandel in Bundesstaaten (2007), Volume 1
Kompetenzverteilung und Verantwortlichkeiten in Bundesstaaten (2007), Volume 2
Gesetzgebungs-, Verwaltungs- und Justizstrukturen in Bundesstaaten (2007), Volume 3
Praxis des Finanzföderalismus: vergleichende Perspektiven (2007), Volume 4
Außenbeziehungen von Bundesstaaten (2007), Volume 5

Ausgewählte Veröffentlichungen des Global Dialogue sind auch in anderen Sprachen erhältlich, darunter Arabisch, English, Französisch und Spanisch. Für weitere Informationen über verfügbares Material besuchen Sie bitte www.forumfed.org.

Globaler Dialog zum Föderalismus

VERFASSUNGSRECHTLICHE URSPRÜNGE, STRUKTUREN UND WANDEL IN BUNDESSTAATEN

Bookletreihe Volume 1

RAOUL BLINDENBACHER /
ABIGAIL OSTIEN (HRSG.)

Übersetzung aus dem Englischen: Vera Draack

Eine Publikation vom

und von der

iacfs
INTERNATIONAL ASSOCIATION OF
CENTERS FOR FEDERAL STUDIES

Diese Veröffentlichung wurde durch die großzügige finanzielle Unterstützung der kanadischen Regierung und der Schweizerischen Direktion für Entwicklung und Zusammenarbeit ermöglicht.

Bibliothek und Archiv, kanadischer Katalog der Veröffentlichungen
Library and Archives Canada Cataloguing in Publication

Verfassungsrechtliche Ursprünge, Strukturen und Wandel in Bundesstaaten / Raoul Blindenbacher, Abigail Ostien (Hrsg.) ; Übersetzung, Vera Draack.

(Globaler Dialog über Föderalismus : Bookletreihe ; v. 1)
Translation of: Dialogues on constitutional origins, structure, and change in federal countries.
Includes bibliographical references.
ISBN 978-0-7735-3308-0

    1. Constitutions. 2. Federal government. I. Blindenbacher, Raoul II. Ostien, Abigail, 1971- III. Draack, Vera IV. Forum of Federations V. International Association of Centers for Federal Studies VI. Series.

JC355.D52315 2007   342.02   C2007-901631-6

Gedruckt und gebunden in Kanada durch Imprimerie Gauvin

Inhalt

Vorwort

Dieses Booklet untersucht Ursprünge, Strukturen und Wandel föderaler Verfassungen. Es berichtet über eine Reihe von Rundtischgesprächen, die in Australien, Belgien, Brasilien, Deutschland, Indien, Kanada, Mexiko, Nigeria, Russland, der Schweiz, Südafrika und in den Vereinigten Staaten im Rahmen des vom *Forum of Federations* und der *International Association of Centers for Federal Studies* (iacfs) gemeinsam getragenen Programms *A Global Dialogue on Federalism* stattgefunden haben. Das Booklet ist Teil einer umfassenden Reihe von Publikationen des *Global Dialogue on Federalism* zu verschiedenen Themen föderaler Regierungs- und Verwaltungssysteme.

Die kurzen Beiträge im vorliegenden Booklet bieten Ihnen einen Überblick über die Verfassungsgeschichte und die aktuellen Herausforderungen der einzelnen Länder. Die Autorinnen und Autoren schildern sowohl ihre persönliche Perspektive der Probleme als auch die Erkenntnisse, die im Rahmen der Rundtischgespräche gewonnen wurden. Wie erfolgreich ist die Verfassung insgesamt und ist sie fähig, sich den ändernden Umständen anzupassen? Wurde die Verfassung in einem volksnahen oder in einem elitären Prozess geschaffen? War sie Ergebnis einer Vision oder einer Serie von Kompromissen? Wie beeinflusste die Homogenität oder Heterogenität der Bevölkerung den Prozess der Verfassungsgebung? Was waren die vordringlichen Ziele der Verfassung zum Zeitpunkt ihrer Schaffung? Dies sind einige der Fragen, die im Booklet erörtert werden. In den Beiträgen wird zudem eine Reihe aktueller Themen angesprochen: Rechte und Republikanismus, regionale und soziale Ungleichheit, Wahlrechts-, Parlaments- und Senatsreformen sowie Unterschiede in der Sprache, der Kultur, der Religion und im Wertesystem und wie diese in Einklang gebracht werden können. Einige der Herausforderungen an die Verfassungen sind einzigartig für das betroffene Land, andere sind allen gemein.

Das erste Kapitel des Booklets beschreibt in Kürze die Struktur des Programms *A Global Dialogue on Federalism*. Dann folgen unter der Überschrift „Erkenntnisse aus dem Dialog" die einzelnen Länderbeiträge. Das abschließende Kapitel bietet einen Überblick über die Gemeinsamkeiten und die Unterschiede der behandelten Länder. Der Stil und die Kürze der Veröffentlichung, das Glossar und die Zeitschiene machen das Booklet leicht zugänglich. Mit den hier vorgestellten Beiträgen soll Ihre Neugierde auf Band 1 „Verfassungsrechtliche Ursprünge, Strukturen und Wandel in Bundesstaaten" der im selben Programm erscheinenden Buchreihe geweckt werden, in dem dieselben Autorinnen und Autoren das Thema umfassender untersuchen.

Die Veröffentlichungen des Programms *A Global Dialogue on Federalism* knüpfen an eine Tradition des *Forum of Federations* an: Über die letzten Jahre hat das Forum, entweder unabhängig oder gemeinsam mit anderen Organisationen, eine Vielzahl von Büchern und Multimedia-Materialien herausgegeben. Weitere Informationen zu den Publikationen und Aktivitäten des Forums sowie Links zu anderen Organisationen und eine Online-Bibliothek finden Sie unter www.forumfed.org. Wir danken den Autorinnen und Autoren dieses ersten Themenbandes für ihre Beiträge. Besonderen Dank schulden wir G. Alan Tarr für das von ihm verfasste Abschlusskapitel „Vergleichende Betrachtungen". Wir möchten den Teilnehmerinnen und Teilnehmern der Veranstaltungen in den zwölf Ländern für ihre vielfältigen Überlegungen danken, die die Beiträge in diesem Buch ganz maßgeblich beeinflusst haben. Ihre Namen finden sich am Ende des Buches. John Kincaid, Cheryl Saunders, Ronald L. Watts und die übrigen Mitglieder des Herausgeberrates haben wertvolle Hinweise und ihre Sachkenntnisse eingebracht. Dank geht auch an Alan Fenna und Thomas Hueglin für die Erstellung des Glossars und an Lise Rivet für ihre Hilfe bei der Erstellung des Zeitplans. Wir sind von den folgenden Mitarbeiterinnen und Mitarbeitern des *Forum of Federations* unterstützt worden: Rebeca Batres-Doré, Barbara Brook, Maxime Cappeliez, Rhonda Dumas, Christian Manser, Rose-Anne McSween, Karl Nerenberg und Carl Stieren. Schließlich danken wir den Mitarbeiterinnen und Mitarbeitern von McGill-Queen's University Press für ihre Unterstützung während des gesamten Publikationsprozesses.

Gleich ob Sie im Bereich Föderalismus arbeiten, Student oder Lehrer des Föderalismus sind oder sich einfach für das Thema interessieren: Diese Schrift sollte sich für Sie als lehrreiche, kurze Einführung in die Ursprünge und den gegenwärtigen Stand der Verfassungen der unter-suchten Länder erweisen.

Raoul Blindenbacher und Abigail Ostien, Herausgeber

VERFASSUNGSRECHTLICHE URSPRÜNGE,
STRUKTUREN UND WANDEL IN BUNDESSTAATEN

Ein Globaler Dialog zum Föderalismus

RAOUL BLINDENBACHER / BARBARA BROOK

Dieses Booklet ist das Ergebnis von zwölf nationalen Rundtischgesprächen in föderalen Staaten sowie eines internationalen vergleichenden Rundtischgespräches zum Thema „Verfassungsrechtliche Ursprünge, Strukturen und Wandel in Bundesstaaten". Organisiert wurden diese im Rahmen des Programms *A Global Dialogue on Federalism*. Dieses Programm hat das Ziel, den Teilnehmerinnen und Teilnehmern in vergleichenden Gesprächen die Gelegenheit zu bieten, gegenseitig Wissen und Erfahrungen zu Themen des Föderalismus auszutauschen und ein internationales Netzwerk aufzubauen. Der folgende Beitrag liefert eine kurze Beschreibung des Programms sowie der Methoden, mit denen diese Ziele erreicht werden sollen. Weitere Informationen zum Programm finden Sie im Kapitel „A Global Dialogue on Federalism" im entsprechenden Themenband[1].

Das Programm *A Global Dialogue on Federalism* untersucht den Föderalismus anhand von einzelnen Themen. „Kompetenzverteilung und Verantwortlichkeiten", „Gesetzgebungs-, Verwaltungs- und Justizstrukturen", „Praxis des Finanzföderalismus" oder „Außenbeziehungen von Bundesstaaten" sind einige Beispiele für bereits in dieser Bookletreihe erschienene Themen. Für jedes Thema wird eine Themenkoordinatorin bzw. ein Themenkoordinator bestimmt. Diese erstellen unter Zuhilfenahme der aktuellsten Studien einen international umfassenden Fragenkatalog, der sowohl die institutionellen Bestimmungen als auch deren Anwendung in der Praxis abdeckt. Dieser Fragenkatalog, die „Themenvorlage", bildet die Grundlage des Programms: Er dient als Leitfaden für die Rundtischgespräche und gibt die Gliederung des Themenbuchs vor. Die Themenkoordinatorinnen und -koordinatoren wählen zudem eine repräsentative Gruppe von föderalen Staaten aus und empfehlen für jedes Land eine Landeskoordinatorin oder einen Landeskoordinator, die für die Organisation der nationalen Rundtischgespräche zuständig sind.

---

[1] *Dialogues on Constitutional Origins, Structure, and Change in Federal Countries.* John Kincaid und G. Alan Tarr, Herausgeber (Montreal & Kingston: McGill-Queen's University Press, 2005).

Der Themenkatalog wird an alle Teilnehmerinnen und Teilnehmer der Rundtischgespräche verteilt, so dass alle Zugang zu den neuesten Studien haben. Damit sich zudem ein möglichst genaues Bild des Themas des jeweiligen Landes erarbeiten lässt, ist es wichtig, dass die Teilnehmenden die unterschiedlichen Perspektiven ihrer Länder repräsentieren, dass sowohl Personen aus der Praxis als auch aus dem wissenschaftlichen Bereich unter den Teilnehmenden vertreten sind und dass diese bereit sind, ihr Wissen weiterzugeben und von anderen zu lernen. Zu Beginn eines Rundtischgespräches einigen sich die Anwesenden darauf, welches die vordringlich zu behandelnden Fragen sind, die dann im Verlauf des Gesprächs erörtert werden. Am Ende des Tages und zum Abschluss der Veranstaltung werden die neuen Erkenntnisse besprochen. Die Rundtischgespräche in den einzelnen Ländern ermöglichen es Expertinnen und Experten aus unterschiedlichen Bereichen der Praxis und der Wissenschaft, in einer neutralen Umgebung ihre Standpunkte zu gemeinsamen Belangen auszutauschen. Ein belgischer Teilnehmer formulierte seine Erfahrung folgendermassen: „Die Teilnehmenden waren besonders vom Format der Veranstaltung angetan: eine ausgewählte Gruppe von 20 Personen, die alle direkt mit der Sache zu tun haben und nur darauf warten, sich an einem Meinungsaustausch zu beteiligen. Die Gruppe umfasste Expertinnen und Experten mit praktischer Erfahrung auf dem Gebiet, Wissenschaftlerinnen und Wissenschaftler verschiedener Institute sowie Angehörige der französischen und der flämischen Sprachgemeinschaft, die sonst selten die Gelegenheit haben, in einen mit so großer Offenheit und Kollegialität geführten Dialog zu treten."

Nach Abschluss der nationalen Rundtischgespräche treffen sich die Koordinatorinnen und Koordinatoren zu einem internationalen Rundtischgespräch, um die Kernfragen zu diskutieren, die bei ihren nationalen Dialogen zutage getreten sind. Die Anwesenden informieren über das bei ihren Rundtischgesprächen gewonnene Wissen, identifizieren Muster und Unterschiede und tragen neue Erkenntnisse zusammen. Die Verschiedenheit der Länder und Standpunkte ermöglicht es den Teilnehmenden, das Thema in seiner ganzen Breite zu erfassen und einen wahrhaft vergleichenden Dialog zu führen.

Die Überlegungen und die an den Rundtischgesprächen gewonnenen neuen Erkenntnisse bilden die Basis für dieses Booklet und das korrespondierende Buch. Um möglichst schnell über die gewonnenen Erkenntnisse informieren zu können, wird das Booklet unmittelbar nach dem internationalen Rundtischgespräch veröffentlicht. Es wird einem breiten Publikum zugänglich gemacht und ist in mehreren Sprachen, darunter Arabisch, Englisch, Französisch und Spanisch, erhältlich. Das korrespondierende Buch liefert erheblich detailliertere Informationen über jedes Land und verfügt darüber hinaus über ein Kapitel, das die vergleichenden Ergebnisse zusammenfasst. Mit den Veröffentlichungen zum *Global Dialogue on Federalism* wird beabsichtigt, die zahlreichen Lücken in der Literatur zum vergleichenden Föderalismus zu schließen und eine reiche Quelle an Wissen bereitzustellen.

Das Programm beinhaltet auch einen Internetauftritt mit einem Online-Zugang zu einem Diskussionsforum, das Menschen in der ganzen Welt in die Lage versetzt, sich am globalen Dialog zu beteiligen. Alle Beiträge und Kapitel des globalen Dialogs sind auch online unter www.forumfed.org verfügbar.

Wir möchten Sie dazu einladen, die bei der Lektüre dieses Booklets gewonnenen Erkenntnisse für neue Lösungen zur Stärkung föderaler Systeme zu nutzen und sich gemeinsam mit den vielen anderen Teilnehmern und Teilnehmerinnen am Globalen Dialog zum Föderalismus zu beteiligen.

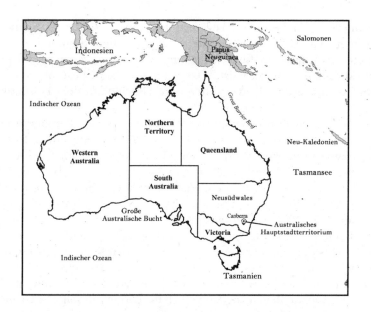

Australien:
Die Entwicklung einer Verfassung

KATY LE ROY / CHERYL SAUNDERS

Die australische Bundesverfassung hat in den über 100 Jahren ihres
Bestehens bewiesen, dass sie fähig ist, sich veränderten Rahmenbedingungen anzupassen. Der Wortlaut der Verfassung hat sich seit 1901
nur wenig verändert, lediglich 8 von 44 Referenden für eine
Verfassungsänderung waren erfolgreich. Durch gerichtliche Auslegungen
und Änderungen in der politischen Praxis ist es jedoch zu einer graduellen Entwicklung der Bedeutung und der Umsetzung des Textes gekommen. Eine der wichtigsten Änderungen besteht dabei in der schrittweisen
Ausdehnung der Befugnisse des Commonwealth, also des Parlaments und
der Regierung auf Bundesebene. Trotz der Stabilität des durch die
Verfassung geschaffenen Regierungssystems werden Verfassungsänderungen
zum besseren Schutz der Grundrechte und zur Einführung einer
Republik diskutiert.

Die australische Verfassung wurde im letzten Jahrzehnt des 19.
Jahrhunderts ausgehandelt und trat am 1. Januar 1901 in Kraft. Sie war
nicht das Produkt von Aufruhr sondern das Ergebnis des Wunsches der
sechs Kolonien, die danach die australischen Bundesstaaten bildeten,
sich aus mehreren praktischen Gründen zu einer beschränkten Union

zusammenzuschließen. Die Verfassung verbindet föderale Strukturen nach dem Vorbild der USA mit dem britischen System einer dem Parlament verantwortlichen Regierung, wobei der Premierminister ein Mitglied des Parlaments ist. Das Gemeinwesen besteht aus sechs Bundesstaaten, zwei selbstverwalteten Territorien auf dem Festland und mehreren Außengebieten.

Obwohl die Verfassung ursprünglich vom britischen Parlament eingesetzt wurde, erlangte Australien nach und nach ohne einen formalen verfassungsrechtlichen Wandel oder einen Bruch in der gesetzlichen Kontinuität seine Unabhängigkeit von Großbritannien. Die Verfassung Australiens wurde zudem in einem relativ populären Abstimmungsverfahren in allen sechs Kolonien bestätigt. Es ist ein verhältnismäßig kurzes Dokument mit 127 Abschnitten und 11.908 Wörtern.

Die beiden primären Ziele der Verfassung bestanden darin, eine Föderation und die Institutionen einer nationalen Regierung zu schaffen. Diese beiden Ziele wurden zwar zufriedenstellend erreicht, die Kürze der Verfassung führt jedoch in einigen Bereichen zu Missverständen darüber, wie die australische Regierung tatsächlich funktionieren soll. Die Grundlage der Verfassung bildete das bereits existierende Gewohnheitsrecht (Common Law). Viele wichtige Regeln mit Verfassungscharakter werden außerhalb der formalen Verfassung definiert.

Es hat sich als schwierig erwiesen, den Text der australischen Verfassung zu verändern. Bevor ein vom Parlament verabschiedeter Gesetzentwurf zur Änderung der Verfassung in Kraft tritt, muss es in einer Volksbefragung genehmigt werden. Eine solche Genehmigung erfordert die Zustimmung einer Mehrheit der Wähler auf Bundesebene und einer Mehrheit der Wähler in einer Mehrheit der Bundesstaaten. Wie erwähnt, waren nur 8 von 44 Änderungsvorschlägen von Erfolg gekrönt. Zu suchen sind mögliche Gründe für dieses Ergebnis in der höchst ungünstigen Art des Abstimmungsverfahrens, dem Mangel an Verständnis der Änderungsvorschläge und in einer konservativen Grundeinstellung der australischen Wähler im Hinblick auf Verfassungsfragen. Verfassungsfragen wird in Australien relativ wenig Aufmerksamkeit geschenkt. Typischerweise behaupten die Australier, relativ wenig über ihre Verfassung zu wissen. Die Information der Öffentlichkeit wird dadurch erschwert, dass der Text der Verfassung in der Tat einige Institutionen, wie etwa das Kabinett und das Amt des Premierministers, mit denen die Bürger am ehesten vertraut sind, nicht behandelt.

Die Verfassungsdebatte in Australien drehte sich im letzten Jahrzehnt des 20. Jahrhundert in erster Linie darum, ob die formale Anbindung an die Krone gelöst und eine Republik gegründet werden soll und welche Gestalt diese Republik annehmen könnte. Die 1999 zu dieser Frage abgehaltene Volksbefragung scheiterte weitgehend daran, dass man an den Regelungen, die stattdessen zum Tragen gekommen wären, Schwächen feststellte. Die Frage der Gründung einer Republik wird wohl auch zu Beginn des neuen Jahrhunderts die beherrschende Verfassungsfrage bleiben, und zwar nicht, weil sie besondere Schwierigkeiten in der Praxis verursacht, sondern aus symbolischen Gründen.

Weder die Verfassung des Commonwealth noch die Verfassungen der einzelnen Bundesstaaten enthalten einen Grundrechtskatalog. Die Verfassung gewährt keinen expliziten Schutz der Persönlichkeitsrechte, obwohl einige Beschränkungen der Befugnisse des Commonwealth einen ähnlichen Effekt haben. Als die Verfassung geschrieben wurde, waren die Länder in der britischen Verfassungstradition damit zufrieden, dass Rechte auf anderen Wegen angemessen geschützt werden konnten. Anders als vergleichbare Länder – darunter nun auch das Vereinigte Königreich – hat Australien diese Sicht der Dinge bewahrt. Wiederholte Versuche, einen nationalen Grundrechtskatalog einzuführen, sind gescheitert. Konsistent mit dieser etwas selbstzufriedenen Sichtweise, dass das Rechtssystem in der Lage ist, die Rechte angemessen zu schützen, gibt es im australischen Recht keine Verankerung der von Australien unterzeichneten internationalen Menschenrechtsinstrumente. Es wird angenommen, dass sich das australische Recht im Einklang mit ihnen befindet. Wenn sich diese Annahme, was gelegentlich geschieht, als unzutreffend erweist, sind Korrekturmaßnahmen möglich, werden aber nicht immer als dringlich empfunden.

Australien ist nunmehr das einzige Land in der Welt des Common Law, das keinen systematischen Rechtsschutz gewährt. Es ist wahrscheinlich, dass die Grundrechte Gegenstand einer zukünftigen Verfassungsdebatte sein werden. Ein vom Parlament verabschiedeter gesetzlicher Grundrechtskatalog, für den das Parlament sein Gesetzgebungsrecht im Hinblick auf „externe Angelegenheiten" nutzen könnte, wäre weniger problematisch für die gewählten Institutionen der Bundesregierung und könnte aus diesem Grund einem verfassungsrechtlichen Grundrechtskatalog vorgezogen werden. Anderseits würde die Gesetzgebung des Commonwealth inkonsistente Gesetze der Bundesstaaten außer Kraft setzen und damit den Widerstand der Bundesstaaten hervorrufen. Im Lichte dieser Schwierigkeiten wird in Australien der Schutz der Grundrechte und die Weiterentwicklung des einmaligen australischen Common Law auf absehbare Zeit den traditionellen Mechanismen des Parlaments und der Gerichte überlassen bleiben.

In einigen Aspekten war die Verfassung bemerkenswert erfolgreich. Sie hat alle Teile eines geografisch sehr großen Landes zusammengebracht und friedlich zusammengehalten und hat mindestens einem ernsthaften Versuch der Abspaltung standgehalten. Sie hat für mehr als ein Jahrhundert als wichtigstes konstitutives Instrument stabiler demokratischer Herrschaft gedient. Sie ist flexibel genug gewesen, sich drastischen Veränderungen der Rahmenbedingungen – darunter dem Übergang Australiens in die Unabhängigkeit – anzupassen. Sie hat einen Regierungsrahmen bereitgestellt, innerhalb dessen der Commonwealth, die Bundesstaaten und die Territorien aufblühen konnten. Zumindest für diejenigen, die in Verfassungen Instrumente zur Strukturierung und Kontrolle von Macht sehen, ist die Verfassung jedoch – zum Teil auf Grund ihrer Langlebigkeit – für die Struktur und das Funktionieren Australiens zunehmend irrelevant geworden. Wahrscheinlich sind weitere Änderungen der Verfassung notwendig. Diese werden eine verbesserte Information der Bevölkerung über das Verfassungssystem, eine intensive öffentliche Debatte und einige Verhaltensänderungen erfordern.

> Ist die Verfassung jedoch – zum Teil auf Grund ihrer Langlebigkeit – für die Struktur und das Funktionieren Australiens zunehmend irrelevant geworden.

Belgien: Mehrdeutigkeit und Uneinigkeit

KRIS DESCHOUWER

Belgien wurde erst nach und nach zu einem föderalen Staat. Der Prozess setzte in den 70er Jahren des 20. Jahrhunderts ein und erreichte seinen Höhepunkt in den 90er Jahren. Mit der Einführung des Föderalismus sollten die Spannungen zwischen dem Niederländisch sprechenden Norden und dem Französisch sprechenden Süden bewältigt werden. Interessanterweise haben der Norden und der Süden immer noch etwas unterschiedliche Vorstellungen von ihrem föderalen System. Diese Uneinigkeit hat ihren Weg in die Verfassung gefunden. Nord und Süd streiten sich noch immer über die Definition der Rechte im Hinblick auf die Landessprachen und die Minderheiten. Das ist ein wesentlicher Grund dafür, dass diese in der Verfassung nicht eindeutig bestimmt werden. Die anhaltende Mehrdeutigkeit und die tiefen Meinungsverschiedenheiten sind grundlegende Elemente einer föderalen Struktur, die – überraschenderweise – relativ gut und ohne größere Konflikte funktioniert.

Belgiens föderales System wurde offiziell 1993 eingeführt, im Anschluss an Teilreformen, mit denen die ethnisch-sprachlichen Unterschiede abgemildert werden sollten. Die Gestalter der belgischen Verfassung fanden ihre Inspiration nicht in bestehenden Modellen föderaler Staaten.

Die Belgische Föderation resultierte nicht aus der Umsetzung einer Blaupause, und niemand erfand oder entwarf das neue Belgien. Vielmehr war es das Produkt einer Reihe von subtilen Kompromissen zwischen zwei unterschiedlichen Ansichten darüber, wie der alte Einheitsstaat reformiert werden musste.

Das wahrscheinlich auffälligste Merkmal der Belgischen Föderation ist ihre duale Natur. Belgien ist eine Föderation sprachlicher Gemeinschaften, aber auch territorialer Einheiten. Diese doppelte Föderation ist das Ergebnis der widerstreitenden Ansichten der Niederländisch bzw. Französisch sprechenden Gemeinschaften hinsichtlich der idealen Ausgestaltung des Landes. Das erste Verlangen nach Dezentralisierung kam von der Niederländisch sprechenden Gemeinschaft und begründete sich in der Verteidigung ihrer Sprache. Sie verlangten Autonomie für die beiden großen Sprachgemeinschaften. Das nördlich der Sprachgrenze gelegene Brüssel wäre in die Niederländische sprechende bzw. flämische Gemeinschaft integriert oder zumindest eng an diese angebunden worden. Umgekehrt traten die Frankophonen dafür ein, den Regionen Autonomie zu gewähren. Das hätte bedeutet, dass Brüssel mit einer zu 85 Prozent frankophonen Bevölkerung eine Region der Belgischen Föderation und nicht Teil der flämischen Gemeinschaft geworden wäre.

Eine komplexe doppelte Föderation bot eine Möglichkeit, diese Pattsituation zu überwinden. Belgien führte sowohl die vom niederländischen Sprachraum vorgeschlagenen Sprachgemeinschaften ein als auch die von den Frankophonen bevorzugten territorial definierten Regionen. Die drei Regionen sind das frankophone Wallonien, das zweisprachige Brüssel und das Niederländisch sprechende Flandern. Die Niederländisch sprechende Gemeinschaft kann ihre Macht in der flämischen Region und in Brüssel ausüben, während die Französisch sprechende Gemeinschaft dies in Wallonien und in Brüssel tun kann. Dieses Arrangement ist sicherlich sehr viel komplizierter als das anderer Föderationen, die einfach in territorial definierte Untereinheiten aufgeteilt sind. Aber es hat den Vorteil, eine Lösung für zwei unterschiedliche und in hohem Maße inkompatible Ansichten über das Wesen des Landes zu bieten. Die Verfassung der belgischen Föderation definiert und akzeptiert somit zwei unterschiedliche Visionen für das Land und ermöglicht es ihnen, nebeneinander zu existieren.

Diese gemeinsame Existenz hat jedoch auch ihre Probleme. Die Stadt Brüssel ist jetzt eine Region, aber eine mit einer schutzbedürftigen Niederländisch sprechenden Minderheit. Eine Anzahl der Sitze im

> Die Verfassung der belgischen Föderation definiert und akzeptiert somit zwei unterschiedliche Visionen für das Land und ermöglicht es ihnen, nebeneinander zu existieren.

Regionalparlament ist für Niederländisch sprechende Bürger und Bürgerinnen reserviert. Sie stellen zudem die Hälfte der Minister in der Exekutive der Region.

Die Schaffung einer flämischen Region im Norden des Landes führte dazu, dass ungefähr 60.000 Frankophone auf „der falschen Seite der Grenze" leben. Die Frankophonen in Flandern bedürfen deshalb ebenfalls des Schutzes. Die praktische Lösung für diese Französisch sprechenden Menschen bestand in der Schaffung einer Ausnahme: Die Frankophonen, die in als „communes à facilités" bezeichneten Gemeinden leben, können in französischer Sprache mit den regionalen und föderalen Behörden kommunizieren.

Eine Kontroverse ist jedoch über die Definition, Interpretation und den Umfang dieser französischen Sprachrechte innerhalb Flanderns entstanden. Viele der Niederländisch sprechenden Menschen sehen die Dienstleistungen in französischer Sprache als eine vorübergehende Ausnahme vom Territorialprinzip: Den sprachlichen Minderheiten soll geholfen werden, bis sie die Sprache der Region hinreichend gut gelernt haben, um mit den Ämtern kommunizieren zu können. Obwohl die Rechte der Minderheiten in diesen Gebieten in der Verfassung verankert sind, verlangt Flandern regelmäßig ihre Abschaffung, weil sie eine Ausnahme von der Regel der territorial definierten Sprachen sind. Die Niederländisch sprechenden Menschen argumentieren, dass das Verhältnis der Sprachgruppen zueinander durch die föderale Struktur des belgischen Staates geklärt ist.

Unter den Frankophonen herrscht eine entschieden andere Meinung über die Sprachrechte vor. Sie betrachten die Französisch sprechenden Menschen in Flandern als eine Minderheit, die desselben formalen Schutzes bedarf, wie ihn die sehr kleine Niederländisch sprechende Minderheit in Brüssel genießt. Sie weisen die Vorstellung zurück, dass die Rechte der Französisch sprechenden Menschen in Flandern als vorübergehende Maßnahme gesehen werden sollten. Sie betrachten diese Rechte als fundamental und argumentieren weiter, dass sie nicht nur auf eine kleine Anzahl von „communes à facilités" beschränkt bleiben sollten. In einigen Kommunen mit einer bedeutenden frankophonen Minderheit genießen Französisch sprechende Bürger zum Beispiel überhaupt keinen Schutz. Dies schließt frankophone Bürger in den großen flämischen Städten Antwerpen und Gent mit ein.

Belgiens Frankophone beziehen sich auf internationales Recht – besonders die Rahmenkonvention des Europarates zum Schutz nationaler Minderheiten –, wenn sie einen allgemein besseren Schutz für die Frankophonen in Flandern fordern. Sie definieren die Französisch sprechenden Bürger in Flandern als Minderheit, die einen angemessenen kulturellen Schutz verdienen, während die Niederländisch sprechenden Bürger argumentieren, dass Sprachrechte auf einem eindeutigen

Zusammenhang von Gebiet und Sprachgebrauch beruhen sollten. Zusammengefasst heißt dies, dass die Niederländisch sprechenden Bürger nicht der Meinung sind, dass den Minderheiten, die im Niederländisch sprechenden Teil des Landes leben, explizite Sprach- und Kulturrechte gewährt werden sollten.

Diese Debatte ist typisch für die öffentliche Diskussion, die in Belgien seit Jahrzehnten stattfindet. Bis in die 80er Jahre haben solche Diskussionen und die daraus folgende Kontroverse zum vorzeitigen Rücktritt einer ganzen Reihe belgischer Regierungen geführt. Es ist ein gutes Zeugnis für das gegenwärtige Modell, dass es in der Lage gewesen ist, einem hohen Maß an Meinungsverschiedenheit und Mehrdeutigkeit standzuhalten.

Brasilien:
Herausforderungen bei der
Umsetzung der Verfassung

CELINA SOUZA

In seinen 115 Jahren föderaler Regierung hat Brasilien sieben verschiedene Verfassungen gesehen. Heute befindet sich das Land unter der Ägide der Verfassung von 1988. Sie ist das Ergebnis der Rückkehr zur Demokratie nach beinahe zwanzigjähriger Militärherrschaft. Brasilien hat eine Reihe föderaler Ordnungen sowie autoritäre und demokratische Perioden erlebt. Die sozialen Hauptprobleme des Landes, die regionale und soziale Ungleichheit und die Armut, sind von keinem politischen System energisch genug angegangen worden, obwohl sie für diejenigen, die die Verfassungen entworfen haben, durchaus von Bedeutung waren.

Der Föderalismus wurde 1889 eingeführt und in der Verfassung von 1891 verankert. Anders als in vielen anderen Föderationen war der Föderalismus in Brasilien nie eine Antwort auf tiefe soziale Risse ethnischer, sprachlicher oder religiöser Art. Weil die Einheit des Landes seit der Zeit, als Brasilien ein föderaler Bundesstaat wurde, nie ein Problem darstellte, legt die Verfassung fest, dass „alle Macht von den Menschen ausgeht", nicht von der Nation als einer Gemeinschaft mit einer gemeinsamen

Geschichte, nicht von einem durch eine Regierung organisierten Staat und nicht von den einzelnen Bundesstaaten als Mitgliedern der Föderation. Sie weist damit darauf hin, dass Brasiliens föderales System auf dem Prinzip des Individualismus und nicht auf dem Gemeinschaftsprinzip aufgebaut ist.

In der Verfassung von 1988 kommt eine verfassungsrechtliche Tradition zum Ausdruck, die sich über sieben Verfassungen entwickelt hat. Die Verfassung von 1988 unterscheidet sich von ihren Vorgängerinnen darin, dass das Volk an ihrer Entstehung beteiligt war. Dies war ein vitales Element im Übergang zur Demokratie und wurde zu einem wichtigen Instrument für die Legitimierung der Verfassung und die gesamte Redemokratisierung. Die wichtigsten politischen Ziele der Verfassung bestanden darin, eine gerechte Gesellschaft zu schaffen, die nationale Entwicklung sicherzustellen, Armut und Ausgrenzung zu beseitigen, die regionale und soziale Ungleichheit zu verringern und das Wohlergehen aller Menschen ohne Vorurteile und Diskriminierung zu fördern. Sie definiert Grundprinzipien, Regeln und Rechte, aber auch eine große Zahl von politischen Maßnahmen. Zudem institutionalisiert sie (a) zusätzlich zu den einzelnen Bundesstaaten der Föderation die Gemeinden als eine Regierungsebene, (b) stellt sie den einzelnen föderalen Teileinheiten, insbesondere den lokalen Regierungen, mehr Ressourcen zur Verfügung, (c) erweitert sie die Kontrolle der drei Regierungsebenen durch die Gesellschaft und die Institutionen, indem sie der Exekutive und dem Rechtssystem zusätzliche Befugnisse einräumt und die Rolle von sozialen Bewegungen und Nicht-Regierungsorganisationen bei der Kontrolle der Regierung anerkennt, und (d) macht Sozialleistungen, insbesondere die Leistungen des Gesundheitswesens, allen zugänglich.

> Die derzeit wichtigsten Probleme Brasiliens beruhen nicht so sehr auf Schwächen der Verfassung selbst, sondern mehr auf den Schwierigkeiten der Regierung, neue politische Prioritäten zu setzen.

Warum hat Brasilien dann Probleme, eine stabile föderale Demokratie aufrechtzuerhalten, die in der Lage ist, Perioden autoritärer Herrschaft zu vermeiden, soziale und regionale Ungleichheiten zu verringern und die soziale Demokratie mit den Restriktionen der Weltwirtschaft auszusöhnen? Die derzeit wichtigsten Probleme Brasiliens beruhen nicht so sehr auf Schwächen der Verfassung selbst, sondern mehr auf den Schwierigkeiten der Regierung, neue politische Prioritäten zu setzen und mit ökonomischen Restriktionen fertig zu werden, die von den Autoren der Verfassung nicht vorhergesehen wurden. Es gibt eine Diskrepanz zwischen den Bereichen, die direkten verfassungsrechtlichen Vorgaben unterliegen, und den polit-ökonomischen Rahmenbedingungen, wobei letztere noch immer Vorrang vor den verfassungsmäßigen Aufträgen genießen.

Brasiliens Föderalismus und Verfassungsherrschaft sieht sich gegenwärtig mehreren Problemen gegenüber. Brasilien ist immer eine Föderation gewesen ist, die durch soziale und regionale Ungleichheit gekennzeichnet war. Obwohl die Verfassung von 1988 wie auch ihre Vorgängerinnen eine Reihe von politischen und fiskalischen Mechanismen vorgesehen hatten, um regionale Ungleichheiten zu vermindern und Armut zu beseitigen, waren diese Mechanismen nicht in der Lage, die historischen Unterschiede zwischen Regionen und sozialen Klassen auszugleichen.

Die Regierungen der drei Ebenen sind nicht in der Lage gewesen, die Armut und regionale Ungleichheit zu vermindern. Ihre Handlungs-fähigkeit wird durch eine Anzahl von Faktoren beschränkt, von denen die finanzpolitischen Forderungen der internationalen Kreditgeber sowie der Finanzinstitutionen und Finanzregulierungen der Föderation nicht die unwichtigsten sind. Die Fähigkeiten der einzelnen Bundesstaaten werden auch durch ihren Schuldendienst eingeschränkt.

Ein anderer Faktor, der die einzelnen Bundesstaaten negativ beeinflusst, ist die Öffnung der brasilianischen Volkswirtschaft. Sie neigt dazu, die innerstaatlichen Beziehungen zu komplizieren, da sie den Unterschied zwischen entwickelten und weniger entwickelten Bundesstaaten vergrößert. Dies trägt auch zum aktuellen Trend bei, frühere, wenn auch zögerliche, Initiativen zur ökonomischen Dezentralisierung heute wieder rückgängig zu machen.

Ein zusätzliches Problem besteht darin, dass es in Brasilien nur wenige Mechanismen gibt, mit deren Hilfe eine Koordinierung zwischen den drei Regierungsebenen erfolgen könnte. Dies hat an Wichtigkeit gewonnen, weil die Finanzlage der kommunalen Regierungen in der Föderation im Vergleich zu den einzelnen Bundesstaaten verbessert und ihnen die Verantwortung für wichtige sozialpolitische Maßnahmen übertragen wurde.

Die Aussicht, Verfassungsprinzipien in politische Maßnahmen für regionale Entwicklung umzusetzen, steht gegenwärtig nicht auf der brasi-lianischen Agenda. Eine Umsetzung ist jedoch nicht unmöglich, da der Abbau regionaler Ungleichheiten für die Autoren der Verfassung immer Priorität genoss. Es ist auch nicht unmöglich, eine größere Klarheit bei der Rolle der einzelnen Bundesstaaten in der Föderation vorherzusehen. Den Schulden und Problemen der einzelnen Bundesstaaten und ihrem Versagen in der Bekämpfung von Gewalt und Drogenhandel wird nämlich jetzt höchste Priorität beigemessen.

Man ist sich einig, dass eine umfassende Überprüfung der fiskalischen und steuerpolitischen Mechanismen und der Rolle jeder einzelnen Regierungsebene in der Föderation notwendig ist. Es wurden genügend kurzfristige Maßnahmen ergriffen, um den Entscheidungsträgern bewusst zu machen, dass signifikante Änderungen notwendig sind. Diesen Änderungen wird wahrscheinlich jedoch eine breite Debatte vorausgehen, in der Regierungs- und Privatinteressen zum Ausdruck gebracht werden.

Wie die erheblichen Interessenkonflikte bewältigt werden sollen, ist noch nicht klar. Eines scheint jedoch sicher zu sein: Änderungen in sensiblen Interessenbereichen werden voraussichtlich zur Verunsicherung von Wählern und Investoren führen.

Die Lösung der wichtigsten Probleme Brasiliens, insbesondere der sozialen und regionalen Ungleichheit, hängt weniger vom Föderalismus und der Verfassung ab, als vielmehr davon, dass größere politische Konflikte angegangen werden, politische Prioritäten neu festgesetzt werden und dass die wirtschaftliche Leistung verbessert wird. Dennoch erfordern politische Maßnahmen zur Überwindung einer langen Geschichte von Ungleichheit die Vermittlung und die Ressourcen der Regierung – in einer Zeit, in der Regierungen von vielen mehr als Hindernis denn als Lösung betrachtet werden. Diese Sichtweise würde die Rolle von Regierungen, besonders in den Entwicklungsländern, darauf beschränken, Haushaltsüberschüsse zu Lasten einer Zunahme öffentlicher Ausgaben zu erzielen.

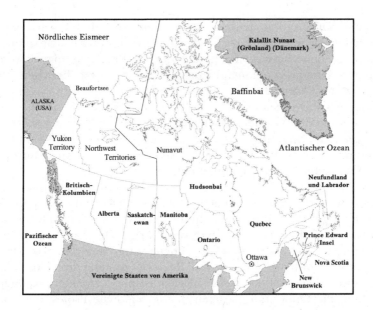

Verfassungspolitik in Kanada

RAINER KNOPFF / ANTHONY SAYERS

Kanada, eine der ältesten föderalen Demokratien der Welt, leidet unter Spannungen, die vor kurzem die Gefahr einer Auflösung heraufbeschworen haben. Ernstzunehmende separatistische Bestrebungen in der Provinz Quebec, Kanadas überwiegend französischsprachigen Provinz, begannen Mitte der 70er Jahre. 1995 erreichten sie ihren Höhepunkt in einem Referendum, das nur um Haaresbreite (1,2 Prozent) eine Mehrheit für die Abspaltung verpasste.

Quebec fordert den Status einer „besonderen Gemeinschaft" mit der Begründung, es repräsentiere eine der beiden kanadischen Gründungsnationen. Das bedeutet, dass die anderen neun Provinzen Untereinheiten der englischsprachigen Nation sind. Demgegenüber vertreten die anderen Provinzen die Vision eines einheitlichen Status für alle Provinzen. Das Ergebnis ist eine Dynamik hin zu mehr Dezentralisierung.

Die territoriale Version der „zwei Nationen" (d.h. Quebec und das restliche Kanada) konkurriert mit der Idee eines bilingualen Kanada, in dem sich Menschen beider Sprachgruppen im ganzen Land zu Hause fühlen können. Beide Interpretationen der französischen und englischen Dualität werden wiederum durch die Idee eines multikulturellen Kanada herausgefordert. Zur gleichen Zeit haben sich die Ureinwohner Kanadas als „First Nations" mit dem Recht zur Selbstverwaltung neu definiert, vielleicht sogar mit der Aussicht, die dritte verfassungsmäßig verankerte Regierungsebene zu werden. Um nicht an den Rand gedrängt zu werden, verlangen Kanadas zunehmend lautstarke Städte einen ähnlichen „Dritte Ebene"-Status. Kanadas drei nördliche Territorien begehren ihrerseits gelegentlich Provinzstatus für sich. Kanadische Frauen basieren sich bei der Betonung des „Gründergeschlechts" auf der Symbolik der „Gründer-" oder „ersten" Nationen. Zu diesem volatilen Gemisch kommt eine Strömung individueller, grundrechtsbasierter Politikansätze hinzu, die einer Politik der Gruppenidentität entgegensteht.

Die Parlamente der Föderation und der Provinzen dieses unterschiedlich und dünn besiedelten Landes werden von ihren Ersten Ministern geführt und im Rahmen eines Mehrheitswahlrechts in Wahlbezirken mit jeweils nur einem Vertreter gewählt. Die Parteien in den Parlamenten erweisen sich als hochgradig diszipliniert. Da die Wirksamkeit und der Einfluss von Regierungsmitgliedern aus weniger bevölkerten Regionen bei strenger Parteidisziplin schwer zu erkennen ist, gewinnen die Oppositionsparteien häufig regionale Proteststimmen für sich. Das Wahlsystem regionalisiert die Parteien zusätzlich dadurch, dass es den Einfluss regional gebündelter Stimmen vergrößert, so dass der Stimmenanteil einer Partei in einer Region häufig viel höher oder niedriger ist als ihr Anteil an den regionalen Stimmen insgesamt. Eine Wahlrechtsreform ist deshalb Bestandteil der laufenden institutionellen Debatte in Kanada.

Dies trifft auch für die Parlamentsreform zu. Oft wird vorgeschlagen, die Parteidisziplin im Unterhaus (House of Commons) zu verringern oder den Senat der Föderation zu reformieren. Mit der Unwandlung des Senats von einem ernannten in ein gewähltes Gremium mit einer gleichmäßigeren Vertretung der Provinzen wollen die Reformer ihn zu einem leistungsfähigeren Kontrolleur des Unterhauses machen.

Von den 60er bis in die 90er Jahre löste diese reichhaltige Palette von Problemen eine wachsende Welle von Vorschlägen für eine Verfassungsreform aus. Was als Versuch begann, die Herausforderungen des Nationalismus und Separatismus in Quebec zu meistern, wuchs zu einem Prozess so genannter mega-konstitutioneller Politik heran, in dem alle widerstrebenden Interessen und Visionen sich in immer unhandlicheren Vorschlägen umfassender Verfassungstransformationen widerspiegelten.

Aus dem Prozess der mega-konstitutionellen Politik entstand 1982 das Verfassungsgesetz (Constitution Act), das der ursprünglichen Verfassung von 1867 zwei wichtige Elemente hinzufügte: 1) ein vollständig innerkanadisches Verfahren zur Verfassungsänderung, das die Notwendigkeit beseitigte, größere Verfassungsänderungen durch das britische Parlament verabschieden zu lassen und 2) einen justiziablen Katalog von Rechten und Freiheiten. Dieser Katalog sollte nicht einfach nur Rechte und

Freiheiten schützen, sondern er sollte durch die verfassungsrechtliche Verankerung der gemeinsamen Werte aller Kanadier auch ein Gegengewicht zur föderalen Verfassung mit ihrer Betonung der territorialen Trennung bilden.

Das Verfassungsgesetz des Jahres 1982 stellte jedoch nicht alle heiseren Stimmen im Chor der verfassungsrechtlichen Wünsche zufrieden, weil es in der Tat das von Quebec für sich beanspruchte Recht auf ein verfassungsrechtliches Veto beschränkte, an Stelle von territorialer eher individuelle Zweisprachigkeit etablierte und die Befugnisse der Föderation nicht dezentralisierte. Für Quebec bedeutete das Verfassungsgesetz von 1982 ein Schlag ins Gesicht, und es lehnte die Reform als einzige der Provinzen ab.

Zwei weitere Runden größerer Verfassungsreformen fanden statt: die von Meech Lake (1987) und die von Charlottetown (1992). Meech Lake hatte zum Ziel, „Quebec in die Verfassungsfamilie Kanadas zurückzubringen", aber es wurden Forderungen erhoben, nicht nur die Prioritäten Quebecs zu behandeln, sondern auch die der Indianer, Frauen, Minderheiten und die der anderen Provinzen. Der sich anschließende Prozess, in dem alle wichtigen Forderungen nach Anerkennung und Verfassungsänderung behandelt wurden, führte zur Vereinbarung von Charlottetown, für die bei der folgenden Volksbefragung keine Mehrheit zustande kam.

Die fehlgeschlagenen Vereinbarungen von Meech Lake und Charlottetown enthielten Bestimmungen, Quebec verfassungsrechtlich als eine „besondere Gemeinschaft" innerhalb Kanadas zu anerkennen. Dass es nicht gelang, diese Reform umzusetzen, trug dazu bei, dass das Abspaltungsreferendum Quebecs im Jahr 1995 beinahe erfolgreich gewesen wäre. Danach jedoch erloschen die separatistischen Flammen, und die allgemeine Ermattung hinsichtlich von Verfassungsänderungen hat von weiteren Abenteuern der mega-konstitutionellen Art abgehalten.

Institutionelle Reformen sind jedoch keinesfalls vom Tisch. Die Blickrichtung hat sich einfach weg von formalen Verfassungsarrangements hin zu graduellen Änderungen durch Parlamentsentschließungen, die Gesetzgebung, Verhandlungen und die Interpretation durch das Justizwesen verschoben. Einiges von dem, was während der Meech- und Charlottetown-Episoden gefordert wurde, ist – wie die Anerkennung Quebecs als besondere Gemeinschaft, das faktische Vetorecht für Quebec bei bestimmten Verfassungsänderungen und der Fortschritt hin zu selbst regierten „First Nations" – durch diese Mechanismen erreicht worden. Einige Provinzen haben einen Wahlzyklus mit festen Amtszeiten eingeführt und damit eine

> Das Land scheint jetzt ohne das Gefühl drohenden Niedergangs eine sehr volle und lebendige Vorschlagsliste für institutionelle Reformen zu besitzen.

der Machtquellen des Premierministers abgeschwächt, und sie untersuchen die Möglichkeiten für ein System des Verhältniswahlrechts.

Die Tatsache, dass diese und andere Reformvorschläge einzeln und auf den unteren Regierungsebenen vorgelegt und nicht zu mega-konstitutionellen Paketen zusammengeschnürt werden, scheint die Temperatur der Verfassungspolitik gesenkt zu haben. Kanada ist in den letzten Jahren einer Verfassungskrise sehr nahe gekommen. Das Land scheint jetzt ohne das Gefühl drohenden Niedergangs eine sehr volle und lebendige Vorschlagsliste für institutionelle Reformen zu besitzen. Es gibt keine Garantien in der Politik, doch könnte Kanadas Status als eine der ältesten und erfolgreichsten föderalen Demokratien in der Welt noch eine ganze Weile Bestand haben.

Deutschland:
Überschneidung der Kompetenzen
und politische Verwicklungen

JUTTA KRAMER

Die Bundesrepublik Deutschland wurde 1949, vier Jahre nach Deutschlands Niederlage im 2. Weltkrieg, gegründet. Mit der Absicht das Wiederaufleben eines starken Zentralstaates in Deutschland zu verhindern hatten die West-Alliierten den Ministerpräsidenten der Bundesländer den Auftrag zur Ausarbeitung einer neuen Verfassung mit bundesstaatlichem Gepräge gegeben. Die entstandene bundesstaatliche Ordnung ist durch wechselseitige Abhängigkeiten und sich überschneidende Kompetenzen der Bundesregierung und der einzelnen Bundesländer gekennzeichnet.

Die gegenwärtigen Herausforderungen der bundesstaatlichen Struktur Deutschlands beinhalten die Fragen, ob das System in seiner jetzigen Form einen adäquaten verfassungsrechtlichen Rahmen für das Verhältnis zwischen Bund und Ländern bereitstellt, ob es die demokratischen Erfordernisse hinreichend gut erfüllt und – gegenwärtig die am wichtigsten Frage – ob das System nicht nur in der Lage ist, die Lasten der deutschen Einheit mit ihren politischen, ökonomischen und verfassungsrechtlichen Folgen zu tragen, sondern ob es diese auch zu überleben vermag.

Das Grundgesetz, die ·Verfassung der Bundesrepublik Deutschland, wurde in den Jahren 1948 und 1949 vom Parlamentarischen Rat ausgearbeitet und verabschiedet. Es ließ ein bundesstaatliches System wieder aufleben und unterscheidet drei verschiedene Ebenen der Staatsgewalt: den Bund, die Bundesländer und die Bundesrepublik Deutschland als Ganzes. Im Zusammenhang mit der Frage, ob für die internationalen Verträge und Verpflichtungen des Deutschen Reichs ein Rechtsnachfolger existierte und wer das sein könnte, stellte das Bundesverfassungsgericht fest, dass es keinen allgemeingültigen Rahmen für solch einen alleinigen Rechtsnachfolger „Bundesrepublik Deutschland" gebe, sondern lediglich zwei Rechtssubjekte: den Bund und die Bundesländer. Mit dieser Entscheidung des Gerichts endete die fortdauernde Diskussion über die Art der bundesstaatlichen Ordnung in Deutschland. Wie die Mehrheit der Bundesstaaten besteht auch das deutsche System aus einer zweistufigen Ordnung.

Trotz des dualen Charakters des deutschen föderalen Systems führen die verfassungsrechtlichen Beziehungen innerhalb und zwischen den beiden Einheiten zu drei verschiedenen Rechtsbeziehungen, und zwar den Beziehungen innerhalb des Bundes, zwischen Bund und Ländern und zwischen den einzelnen Bundesländern. Folglich haben sowohl der Bund als auch jedes einzelne Bundesland ihre eigene verfassungsrechtliche Zuständigkeit, die sie intern als verfassunggebende Gewalt ausüben. Extern hat jeder das Recht zwischenstaatliche Beziehungen mit dem Bund und den einzelnen Bundesländern zu unterhalten. Der einzige Kohäsionsmechanismus für die drei Verfassungsebenen ist die so genannte Homogenitätsklausel, die die verfassungsmäßige Ordnung in den Ländern anhält, die im Grundgesetz verankerten Prinzipien des demokratischen Sozialstaats und der Rechtstaatlichkeit anzuwenden. Abgesehen von dieser Klausel existieren die drei Verfassungsbereiche völlig unabhängig voneinander.

Wie in jeder echten bundesstaatlichen Regierungsform gibt es auch im deutschen System nicht eine einzige Arbeitsbeziehung zwischen dem Bund und den Ländern sondern ein facettenreiches Beziehungsnetz: formell und informell, bilateral und multilateral, individuell und kollektiv. Im Zentrum der föderalen Struktur Deutschlands befindet sich der Bundesrat als zweite Kammer des Bundes. Im verfassungsrechtlichen Sinne und in der Praxis ist er das Gesetzgebungsorgan, das die Bundesländer innerhalb des föderalen Rahmens repräsentiert und auch bei der Bundesverwaltung mitwirkt. Die unmittelbare Koordinierung erfolgt in Form einer horizontalen Kooperation zwischen den einzelnen Bundesländern auf der Basis interstaatlicher Beziehungen.

In diesem dreidimensionalen Verfassungsrahmen hat die Bundesebene Vorrang vor den Bundesländern, wie dies in dem Titel „obere staatliche Ebene" zum Ausdruck kommt. Sie ist auch dafür verantwortlich, die

Verfassung des Bundes zu bewahren. Dennoch sind die einzelnen Bundesländer „Staaten" im vollen Wortsinn, die ihre eigene unmittelbare Verfassungshoheit genießen, unabhängig eigene Funktionen und Kompetenzen wahrnehmen und ihre Aufgaben als eigener, verfassungsgestützter Bereich erfüllen. Deshalb sind die Beziehungen zwischen dem Bund und den Ländern und diejenigen zwischen den einzelnen Ländern von den Prinzipien der Gleichheit und Gleichberechtigung getragen, es sei denn, das Grundgesetz erlaubt oder schreibt anderes vor. Jedes Bundesland hat – unabhängig von seiner Größe, Einwohnerzahl, wirtschaftlichen Stärke und Finanzkraft – in der Verfassung den gleichen föderalen Status.

Die föderalen Systeme in Deutschland und in den USA weisen beide klare Tendenzen zu Einheitlichkeit und Zentralisierung auf. Aber es gibt drei zweifelsfreie Unterschiede: Erstens wurde die Entwicklung eines einheitlichen Föderalismus in Deutschland von den mächtigsten Organen der Bundesregierung, von der direkt gewählten ersten Kammer des Parlaments, dem Bundestag, und von der zweiten Kammer, dem Bundesrat, vorangetrieben. Sie haben sich konkurrierende Gesetzgebungskompetenzen übertragen, indem sie die Verfassung zu einem Zeitpunkt ergänzten, als sie die erforderliche Zwei-Drittel-Mehrheit in beiden Häusern des Parlaments hatten. Zweitens wird in der politischen Realität die effektivste Gewaltenteilung durch die Verwaltungen der Bundes- und der Länderebene praktiziert, die damit Aspekte eines Exekutivföderalismus aufweisen. Das bedeutet in der Praxis, dass sich die Bundesregierung als Hauptgesetzgeber den größten Anteil der konkurrierenden Gesetzgebung angeeignet hat, während die Länder, die nicht nur ihre eigenen Gesetze sondern auch eine Vielzahl von Bundesgesetzen ausführen, vor allem als Verwaltungsorgane arbeiten. Drittens existieren mit den Gemeinschaftsaufgaben und den Gemeinschaftssteuern, die Bund und Ländern zustehen, ein hohes Maß an Kompetenzüberschneidungen, Politikverflechtungen und Verfahren der Konsensfindung – ein Charakteristikum des kooperativen Föderalismus.

Das System des kooperativen Föderalismus hat sich jedoch nicht nur in der Praxis als lähmend erwiesen, sondern es ist auch unter demokratischen Gesichtspunkten problematisch. Wenn jeder für alles verantwortlich ist, führt das dazu, dass niemand für irgendetwas verantwortlich ist.

> Das System des kooperativen Föderalismus hat sich jedoch nicht nur in der Praxis als lähmend erwiesen, sondern es ist auch unter demokratischen Gesichtspunkten problematisch.

Aus diesem Grund wird oft diskutiert, ob mit Reformen mehr Transparenz im Hinblick auf die Entscheidungsprozesse und Verantwortlichkeiten geschaffen werden sollten und ob ein intensiverer Wettbewerb zwischen der Bundesregierung und den Ländern zugelassen werden sollte. Noch ist

Deutschland jedoch weit von einem System des wettbewerblichen Föderalismus entfernt.

Nach 45 Jahren durch den kalten Krieg bedingter politischer Ost-West-Teilung Deutschlands erfolgte 1990 die deutsche Wiedervereinigung. Die Deutsche Demokratische Republik (DDR) trat nach ihrem politischen und wirtschaftlichen Kollaps dem Hoheitsgebiet des Grundgesetzes bei. Im Prozess der Wiedervereinigung entschied das Land, dass man zum gegenwärtigen Zeitpunkt auf die traditionellen Strukturen in Ostdeutschland zurückgreifen sollte, um die früheren Bundesländer als Basis für die Implementierung eines föderalen Systems wiederherstellen zu können. Vor diesem Hintergrund wurden die „neuen Länder" geschaffen. Die Reform des föderalen Systems wurde entsprechend auf einen späteren Zeitpunkt verschoben. Es gilt als sicher, dass der Bundesstaat die neu eingegliederten ostdeutschen Bundesländer noch lange und massiv subventionieren muss. Obwohl das Problem seit langem bekannt ist, stellt es in den nächsten Jahren eine ernsthafte Gefahr für die Entwicklung des föderalen Systems dar. Diese Situation könnte zu einer längeren Periode der Zentralisierung des deutschen Föderalismus führen, wie es sie in den Jahren nach der Gründung der Bundesrepublik bis zur Finanzreform in den Jahren 1966 bis 1969 bereits einmal gab.

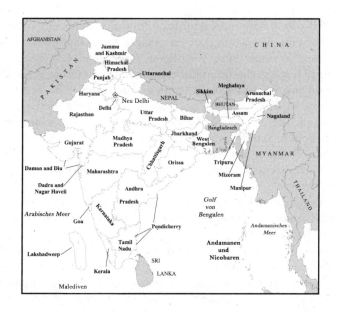

Indien:
Die Entstehung des kooperativen
Föderalismus

AKHTAR MAJEED

Die Verfassung Indiens sah einen schöpferischen Ausgleich zwischen einer leistungsfähigen Zentralgewalt und Bundesstaaten mit mehr Entscheidungsbefugnissen vor. Das daraus entstandene föderale System gab einen soliden Rahmen vor für das Funktionieren des indischen Staates. Trotz Problemen bei der Aufrechterhaltung der Machtbalance hat das System überlebt.

Indien ist ein Land von der Größe eines Kontinents mit einer Fläche von 12.650.000 Quadratmeilen und einer Bevölkerung von über einer Milliarde Menschen. Es ist eine vielfältige Gesellschaft mit 18 nationalen Sprachen und etwa 2.000 Dialekten, zwölf ethnischen und sieben religiösen Gruppen, die sich in eine große Zahl von Sekten, Kasten und Unterkasten aufteilen, sowie etwa 60 soziokulturellen Teilregionen, die sich über sieben natürliche geografische Zonen erstrecken. Vor der Unabhängigkeit im Jahr 1947 stand Indien zuerst unter der Herrschaft der British East India Company, dann für zwei Jahrhunderte unter der Herrschaft der britischen Krone.

Von 1946 bis 1950 hatten die Anführer der indischen Freiheitsbewegung die Aufgabe, eine Verfassung zu entwerfen. Die Mitglieder der verfassunggebenden Versammlung verfolgten zwei Ziele: Das erste bestand darin, aus der hochgradig fragmentierten und segmentierten Gesellschaft ein einheitliches Staatswesen zu formen, was durch eine Stärkung der „Union", also der Bundesebene, geschah, der zusätzliche Befugnisse übertragen wurden. Das zweite Ziel bestand darin, zur Entwicklung des stark unterentwickelten Landes die Armut und das Analphabetentums zu bekämpfen und einen modernen Nationalstaat zu errichten. Dies führte mit 395 Abschnitten, 12 Zusatzartikeln und 3 Anhängen zur längsten Verfassung der Welt.

Die Verfassung etabliert eine „Union von Bundesstaaten", die mittlerweile aus 28 Bundesstaaten und sieben „Unionsterritorien" besteht. Sie definiert zudem die Befugnisse der Exekutive, der Legislative und des Rechtswesens, und sie setzt einen Standard, mit deren Hilfe die Rechtmäßigkeit der von der Legislative in Kraft gesetzten Gesetze geprüft wird. Die Hüterin der Verfassung ist die Justiz. Die im Allgemeinen flexible Verfassung ist unnachgiebig in vielen „föderalen" Angelegenheiten, die die einzelnen Bundesstaaten betreffen. In der Sorge, dass stark zentrifugale Kräfte Indien spalten könnten, schafft die Verfassung ein relativ zentralisiertes Staatswesen, in dem die Unionsregierung mit ausreichenden Befugnissen ausgestattet ist, nicht nur ihre Vormachtstellung zu sichern, sondern auch ihre Fähigkeit in unitarischer Weise zu regieren, wenn es politisch möglich und notwendig ist.

Ebenso wichtig ist, dass die Vielfältigkeit des Landes und der sozioökonomischen Bedingungen sowie ideologische Einflüssen des Sozialismus die Verfassung im Namen der Gerechtigkeit, der Gleichheit und des Schutzes der Rechte in Richtung eines stärker unitarischen Föderalismus drängten. Viele der Gründer dachten, dass nur eine starke Zentralgewalt die wirtschaftliche Entwicklung wirksam vorantreiben und Gerechtigkeit über alle Hoheitsgebiete, Religionen, Sprachen, Klassen und Kasten hinweg sicherstellen könne. Von der Unabhängigkeit bis in die 80er Jahre gab es infolgedessen unter der Kongresspartei einen Trend zu immer stärkerer Zentralisierung. Während der 80er Jahre machte sich jedoch eine Verbitterung der Beziehungen zwischen der Union und den einzelnen Bundesstaaten bemerkbar, und die Kongresspartei begann an Einfluss zu verlieren. Nach den Wahlen im Jahr 1989 übernahm eine Koalitionsregierung, die Nationale Front, die Macht in Neu Delhi. Der Machtwechsel

> Viele der Gründer dachten, dass nur eine starke Zentralgewalt die wirtschaftliche Entwicklung wirksam vorantreiben und Gerechtigkeit über alle Hoheitsgebiete, Religionen, Sprachen, Klassen und Kasten hinweg sicherstellen könne.

begründete sich zum Teil darin, dass der während etwa 40 Jahren von einer Monopolpartei betriebene zentralisierte Föderalismus es nicht vermocht hatte, die in der Verfassung gesetzten Ziele zu erreichen. Seit 1989 haben die Koalitionsregierungen auf der Unionsebene, die im ganzen Land stark zunehmenden Regional- und Bundesstaatsparteien sowie die Liberalisierung der Wirtschaft das föderale politische System in vielerlei Hinsicht dezentralisiert.

Trotzdem ist die Meinung weit verbreitet, dass die Mechanismen der zwischenstaatlichen Beziehungen in Indien stark zugunsten der Zentralregierung verzerrt sind. Die von den Gründern vorgesehene starke Zentralgewalt hat ihre eigenen Probleme geschaffen.

Artikel 356, die „Präsidentenregel", gemäß dem auf Verlangen der Zentralregierung das Parlament eines Bundesstaates wegen verfassungswidrigen Verhaltens aufgelöst oder beurlaubt werden kann, ist zu einem der heißesten Themen der indischen Verfassungsdebatte geworden. Er wurde für Notfälle erlassen, in denen die Regierung eines Bundesstaates nicht in Übereinstimmung mit den Vorschriften der Verfassung handelt. Die Zentralregierung ist jedoch das einzige Organ, das ein solches Verhalten beurteilen kann. Es entstand der Eindruck, dass die Präsidentenregel in der Vergangenheit häufig undifferenziert angewendet wurde. Deshalb werden jetzt Maßnahmen zum Schutz vor zukünftigem Missbrauch ergriffen.

Das Ungleichgewicht zwischen den Steuerbefugnissen der Union und den einzelnen Bundesstaaten ist angesichts der den beiden Ebenen zugewiesenen sozioökonomischen Aufgaben ein weiteres Beispiel für die übermäßige Zentralisierung. Die Verfassung definiert bis ins Einzelne die Gesetzgebungs- und Verwaltungsbeziehungen zwischen der Union und den einzelnen Bundesstaaten sowie die Aufteilung der Einnahmen. Im Vergleich zu den meisten anderen föderalen Verfassungen wurde der Union mehr Spielraum zur Ausübung der gesetzgebenden und vollziehenden Gewalt eingeräumt.

Ein ähnliches Ungleichgewicht bei den Einnahmen und Verantwortlichkeiten wie zwischen der Union und den Bundesstaaten existiert auch zwischen der Ebene der Bundesstaaten und den Gemeinden. Zwar gewährt die Verfassung den Gemeinden Verfassungsrang, deren „autonomes" Funktionieren muss in der Praxis jedoch erst noch umgesetzt werden. Den in ländlichen Gegenden als „Panchayats" bekannten kommunalen Institutionen fehlen die finanzielle Rückendeckung und das notwendige Wissen, um ihren Einfluss zu steigern. Ein Erfolg konnte allerdings mit der Gemeindeordnung erzielt werden: Da die Verfassung eine bestimmte Zahl von Sitzen für Frauen und spezifische Kasten und Stämme reserviert, waren diese traditionell benachteiligten Gruppen in der Lage Erfahrungen zu sammeln, die sie zur politischen Partizipation auf der Bundesstaaten- oder Unionsebene befähigt.

Die indische Verfassung scheint eher eine kooperative Union als ein duales Staatswesen zu schaffen. Das Vorhaben, die nationalen Ressourcen zu mobilisieren und sie möglichst effektiv und ausgeglichen für die soziale und ökonomische Entwicklung des ganzen Landes einzusetzen, scheint heute ein integraler Bestandteil dieses Konzeptes zu sein. Durch die Allokation von Finanzmitteln und die Zentralisierung der Planung konnte die Union ihre Rolle in Bereiche ausdehnen, die ausschließlich Domäne der einzelnen Bundesstaaten waren. Die Umverteilung von Verantwortlichkeiten – die Union trat Befugnisse an die Bundesstaaten ab, die Bundesstaaten wiederum an die Panchayats – konnte anderseits das Erreichen der Verfassungsziele Einheit, soziale Gerechtigkeit und Demokratie erleichtert werden. All dies deutet auf Schritte in die Richtung eines kooperativen Föderalismus.

Der mexikanische Föderalismus im demokratischen Wandel

JUAN MARCOS GUTIÉRREZ GONZÁLEZ

Die Geschichte des mexikanischen Föderalismus war während des 20. Jahrhunderts im Wesentlichen eine Geschichte der Zentralisierung. Erst ab ungefähr 1982 wurde diesem Prozess durch politische Maßnahmen und Forderungen nach Dezentralisierung der Regierungsaufgaben, politischer Demokratisierung und ökonomischer Liberalisierung entgegengewirkt. In den Bestimmungen der gegenwärtigen Verfassung, der Verfassung von 1917, werden deutlich wichtige Probleme und Fragen angesprochen, die in Mexiko in der Vergangenheit Anlass zur Sorge boten und auch heute noch relevant sind. Zu diesen zählen unter anderem die Macht des Präsidenten, sich über Entscheidungen hinwegzusetzen, die Dezentralisierung und die Schaffung eines wirklich föderalen Systems. Heute bemüht sich Mexiko darum, seine eigene Version des Föderalismus zu definieren und die zentripetalen Kräfte, die das Leben der Nation dominiert haben, zu neutralisieren.

Mexiko hat eine lange Tradition des Zentralismus, die in die Kolonialzeit und bis zu den Kulturen der Azteken und der Maya zurückreicht. Zwar besaßen die Gestalter bei der Schaffung der ersten föderalen Verfassung Mexikos im Jahr 1824 keine verbindende Vision der Föderation, sie wussten doch, was sie zu vermeiden hofften. Zu den Gründen für die Schaffung einer Verfassung und die Einführung eines föderalen Systems zählte die Absicht, durch ein System von Gewichten und Gegengewichten zwischen der Regierung und dem Volk den Absolutismus zu beenden und den Bundesstaaten eine repräsentative Regierung zu geben.

> Mexiko hat eine lange Tradition des Zentralismus, die in die Kolonialzeit und bis zu den Kulturen der Azteken und der Maya zurückreicht

Die gegenwärtige Verfassung Mexikos ist zwar noch relativ jung, ihre föderalen Prinzipien stammen jedoch direkt aus der ersten Verfassung von 1824. Von 1836 bis 1854 hatte Mexiko allerdings eine zentralistische Verfassung; die Erfahrungen mit dieser Verfassung führten jedoch zu einem erneuten Erstarken föderalistischer Ideen, die ihren Höhepunkt in der föderalen Verfassung von 1857 fanden. Diese Verfassung, der es nicht gelang, die Zentralisierung einzudämmen, behielt ihre Gültigkeit, bis das Ende der mexikanischen Revolution zur noch heute gültigen Verfassung von 1917 führte.

Die Sieger der mexikanischen Revolution hatten klare föderale und demokratische Ziele, zum Teil deshalb, weil die Revolution in einigen Bundesstaaten als eine Rebellion gegen das zentralistische und diktatorische Regime von Porfirio Diaz begann. Im föderalen Modell der Verfassung sind Legislative und Judikative der Bundesebene in Wirklichkeit jedoch der allumfassenden Macht der Exekutive untergeordnet. Von 1920 bis 1995 wurde das föderale System durch eine verfassungsrechtliche Konzentration der Macht in den Händen der Zentralregierung charakterisiert, was die Entscheidungsbefugnisse der einzelnen Bundesstaaten und der Gemeinden erheblich einschränkte. Dieses System brachte ein soziopolitisches Phänomen hervor, das Mexikos politisches Leben im gesamten 20. Jahrhundert charakterisierte: ein mächtiges Präsidialsystem.

Eine einzige Partei, die Partei der Institutionalisierten Revolution (PRI), behielt eine beinahe monopolartige Kontrolle über das politische Leben des Landes. Von 1929, dem Jahr ihrer Gründung, bis 1989 stellte die PRI den Präsidenten und beherrschte den Kongress der Union, die Regierungen der 31 Bundesstaaten, den Bundesdistrikt und die meisten der 2.448 lokalen Regierungen. Erst im Jahr 2000 verlor die PRI erstmalig die Präsidentschaftswahlen. Zuvor hatten die Oppositionsparteien bereits die Kontrolle über etliche Regierungen der Bundesstaaten und der Gemeinden übernommen.

Gegenwärtig treten politische Ereignisse in Mexiko ein, die das Land noch nie zuvor gesehen hat: Neu entstehende Gemeindeverbände und die so genannte Nationalkonferenz der Gouverneure (Conago) fordern und fördern die Rückgabe der in sieben Jahrzehnten verlorenen politischen und finanziellen Autonomie. Ihre Agenda besteht hauptsächlich darin, das Thema des fiskalischen Föderalismus anzusprechen. Zusätzlich ist ein zunehmender Aktivismus der Gesetzgeber in beiden Häusern des Kongresses zu beobachten: Die verschiedenen Vorschläge für eine Verfassungsreform setzen zwar unterschiedliche Schwerpunkte, verfolgen aber alle die Absicht, das föderale Modell neu zu überdenken. Einige der Vorschläge ziehen es in Erwägung, die Macht des Präsidenten der Republik zu beschränken – möglicherweise sogar in erheblichem Umfang – und die Vorstellung von Mexiko als einer föderalen Republik durch eine klarere Spezifizierung der drei Regierungsebenen zu stärken.

Die Struktur der Verfassung sieht die Teilung der drei Gewalten (Exekutive, Legislative und Judikative) und drei Regierungsebenen (Bundesebene, Bundesstaaten und Gemeinden) vor. Während die Verfassung ein föderales System mit erheblichen Befugnissen schaffte, die im Prinzip den Bundesstaaten zugeordnet waren, führte sie auch einen hochgradig säkularen Wohlfahrtsstaat ein, der sich weitgehend unter der Kontrolle der Zentralregierung befindet. Deren Befugnis, in Angelegenheiten wie Binnen- und Außenhandel, Landwirtschaft, Lebensmittelversorgung, Arbeit, Gesundheitswesen, Bildung und Energie zu intervenieren, förderte die Zentralisierung; ihr Eigentumsrecht an Land und natürlichen Ressourcen ermöglichte eine hochgradig nationalisierte Volkswirtschaft. Die Merkmale des mexikanischen Systems ähneln denen eines kooperativen Föderalismus, der jedoch in der Praxis letztendlich die Bundesebene zum Nachteil der Bundesstaaten und der Gemeinden stärkt und damit den Föderalismus selbst untergräbt.

Die in der Verfassung weder eindeutig noch ausreichend beschriebene Verteilung der konkurrierenden innerstaatlichen Befugnisse und Aufgaben hat zu Unsicherheit, Konflikten und Duplizität geführt und die Zentralisierung großer Bereiche des öffentlichen Lebens verursacht. Befürworter einer Verfassungsänderung haben argumentiert, dass die Verantwortlichkeiten des Bundes, der Bundesstaaten und der Gemeinden neu definiert und in der Verfassung aufgeführt werden sollten.

Eine andere fortdauernde Debatte in Mexiko dreht sich um die Frage, ob der Senat reformiert werden sollte, damit er zu einer wirklichen Vertretung der Bundesstaaten wird, und ob mehrere oder alle seiner Mitglieder auch der Legislative der einzelnen Bundesstaaten angehören sollten.

Ein letzter Punkt sollte berücksichtigt werden: Eine der wesentlichen Maßnahmen, die ergriffen werden müssen, damit der Föderalismus angemessen funktioniert, besteht darin, allen Regierungsebenen die Möglichkeit zu geben, den überwiegenden Teil der von ihnen benötigten Finanzmittel selbst zu erwirtschaften. Ein solcher Schritt würde die finanzpolitische Zentralisierung beenden, die zu einer beinahe vollständigen Abhängigkeit der Bundesstaaten und der Gemeinden von Transfers des Bundes geführt hat.

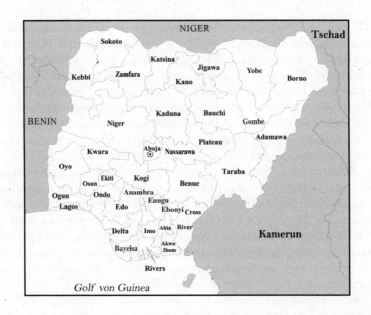

Nigeria:
Die Notwendigkeit eines guten
Regierungssystems

IGNATIUS AKAAYAR AYUA

Nigeria wurde 1900 in Form der britischen Protektorate Nord- und Süd-Nigeria und der Kolonie Lagos gegründet. 1914 wurden diese Einheiten unter einer einheitlichen britischen Verwaltung zusammengefasst. Nigeria wurde daraufhin bis 1954 als einheitlicher Staat regiert. Den Studenten des europäischen Imperialismus muss dies bekannt vorkommen: Nigeria, ein neuer Staat, der nicht durch den freiwilligen Zusammenschluss bereits bestehender, eng verbundener und frei verhandelnder politischer Einheiten entstanden ist, sondern einem willkürlich abgegrenzten Territorium verschiedener Völker, die füreinander bis dahin praktisch Fremde waren, durch eine Kolonialmacht aufgezwungen wurde. Im Kontext der Entstehung der nigerianischen Föderation lassen sich einige der gegenwärtigen verfassungsrechtlichen Herausforderungen Nigerias (beispielsweise die Verteilung der Befugnisse, die Einnahmenaufteilung, ein einheitliches Rechtswesen und die „indigenen" Rechte) zum Teil mit dem Fehlen förderlicher Rahmenbedingungen für glaubwürdige Verhandlungen über die Beziehungen zwischen der Föderation und den Bundesstaaten erklären.

Obwohl Nigeria 40 Jahre lang formal als einheitlicher Staat regiert wurde, bestand es aus drei sehr unterschiedlichen Verwaltungsregionen: der von den Yorubas beherrschten Westlichen Region, der von den Igbos beherrschten Östlichen Region und der riesigen Nördlichen Region, wo die Klasse der Hausa-Fulani des Sokoto-Kalifats des 19. Jahrhunderts herrschte. Als Nigeria durch die so genannte Lyttleton-Verfassung von 1954 in eine Föderation umgewandelt wurde, stellten diese drei Regionen die Einheiten der Föderation. Die letzte verfassungsmäßige Verfügung Großbritanniens bezüglich Nigerias – die Unabhängigkeitsverfassung von 1960 – behielt diese föderale Struktur bei. Aber seit der Unabhängigkeit ist das Land weitere fünf Mal geteilt worden. Es umfasst jetzt insgesamt 36 Bundesstaaten und das Territorium der Bundeshauptstadt Abuja.

Nigerias Geschichte nach der Unabhängigkeit ist durch zwei lange Perioden der Militärherrschaft gekennzeichnet – von 1966 bis 1979 und von 1984 bis 1999. Die beiden maßgeblichen Verfassungen nach der Unabhängigkeit – die Verfassungen von 1979 und 1999 – wurden dem Land von den Militärmachthabern aufgebürdet, bevor diese die Macht an die Zivilisten zurückgaben.

Die Verfassung von 1979 führte große Veränderungen ein in der Art und Weise, wie Nigeria regiert wurde. Sie ersetzte den von Großbritannien geerbten Kabinettsstil durch ein Präsidialsystem nach amerikanischem Vorbild, setzte die Gemeindeverwaltungen als dritte Regierungsebene ein und förderte eine widerstandsfähige föderale Struktur, um durch die Bekräftigung der Unterschiede zwischen den ethnischen Gruppen Nigerias die ethnischen Spannungen abzubauen. Die gegenwärtige Verfassung, die am 29. Mai 1999 in Kraft trat, war das Ergebnis eines von der Militärregierung des Generals Abdusalami Abubakar eingeleiteten Übergangsprozesses. Mit der Ausnahme geringfügiger Anpassungen ist die Verfassung von 1999 identisch mit der Verfassung von 1979. Die Verfassung von 1999 hat alle nachkolonialen Vorgängerinnen übertroffen und ist nun seit mehr als fünf Jahren in Kraft. 2003 hat sie ihre erste größere Prüfung überstanden: landesweite allgemeine Wahlen, die zu erheblichen Änderungen in der Zusammensetzung der Legislative auf der Ebene der Föderation und der Bundesstaaten und zu neuen Regierungen in vielen Bundesstaaten und Gemeinden führten.

Trotz der Versuche der Gestalter der Verfassung, föderale Strukturen fest zu verankern, ist noch immer eine Verschiebung der Machtbalance zugunsten der Zentralregierung zu beobachten. Zwei wichtige Faktoren sind dafür verantwortlich: die langen Zeiträume einer einheitlichen militärischen Herrschaft und die Kontrolle der wichtigsten ökonomischen Ressource, des Öls, durch die Zentralgewalt. Die Stärke der Zentralregierung hat bei denjenigen, die glauben, dass die Bundesstaaten zu schwach sind, tiefe Abneigung hervorgerufen. Viele sind der Meinung, dass diese Konzentration der Macht in den Händen der Zentralgewalt für die groß angelegte Korruption und das nun sichtbar werdende Missmanagement der Ressourcen verantwortlich ist. Infolgedessen gibt es Rufe nach einer weiteren Abgabe von Macht an die Gliedstaaten der Föderation.

Die Aufteilung der Einnahmen der Föderation ist zu einem Streitpunkt geworden. Vor Kurzem musste die Zentralregierung vom Obersten Gericht eine Auslegung der Verfassung zu der Frage anfordern, in welchem Umfang die „Küstenstaaten" – die Bundesstaaten, die am Golf von Guinea liegen – im Rahmen des Abführungsprinzips von den vor der Küste des Landes lagernden Ölvorkommen profitieren können. Die Spannungen, die der Kampf um die Kontrolle der Ölreserven hervorgerufen hat, und das fehlende Verständnis der flexiblen Mechanismen zur Aufteilung der nationalen Ressourcen zwischen der Zentralregierung und den anderen Regierungsebenen verschlimmerten das Problem noch.

Darüber hinaus hat die Verzerrung bestehender föderaler Prinzipen durch die Kommandostruktur des Militärs und die Notwendigkeit, die Justiz vor politischer Einflussnahme zu schützen, zur allmählichen Entwicklung eines zentralisierten einheitlichen Rechtswesens in einem föderalen Staat geführt. Obwohl es eine Antithese zum Föderalismus bildet, wird dieses Arrangement weitgehend für das Allheilmittel gehalten, das die Justiz vor dem finanziellen Druck und dem durchdringenden Einfluss schützt, der andernfalls von den Regierungen der Bundesstaaten auf sie ausgeübt würde.

Es ist zudem angemessen zu betonen, dass die Nigerianer die Vorschriften der Verfassung bezüglich der „indigenen Rechte" zum Schaden der Rechtsfähigkeit missbraucht haben. Das Wort „indigene" ist eine nigerianische Schöpfung und wird verwendet, um die ursprünglich an einem Ort ansässigen Menschen von den erst vor kurzem zugezogenen Bürgern zu unterscheiden. Der negative Effekt der willkürlichen Politik, die „indigenen" Bewohner und nicht die „Siedler" zu fördern, hat sich nachteilig auf die Bemühungen ausgewirkt, ein starkes und vereintes Land zu schaffen.

Nigerias Demokratie ist noch immer schwach und wird in hohem Maße von Krisen geschüttelt. Diese sind weitgehend dem ungenügenden Einsatz der verschiedenen konsensbildenden und konfliktlösenden Mechanismen der Verfassung zuzuschreiben. Es gibt jedoch Grund zur Hoffnung, denn trotz des Fehlens eines frei ausgehandelten föderalen Systems haben die verschiedenen und verschiedenartigen ethnischen Gruppen Nigerias unter sich traditionell harmonisierende Tendenzen gezeigt. Selbst die gegenwärtigen politischen Streitigkeiten drehen sich weitgehend um die

Aufteilung der nationalen Ressourcen und benutzen ethnische und religiöse Probleme lediglich als Vorwand.

In Nigeria besteht dringender Bedarf an guter Regierungsarbeit und verantwortungsbewusster Führung. Mehrere aufeinander folgende Berichte des Human Development Index der Vereinten Nationen haben das Land insbesondere im Hinblick auf die Beseitigung der Armut und der Verbesserung des Lebensstandards sehr schlecht bewertet. Das wichtigste Ziel der Regierung sollte die Entwicklung von politischen Maßnahmen und Strategien sein, um diesem besorgniserregenden Trend entgegenzuarbeiten, da andernfalls, auch bei einem noch so raffinierten föderalen Modell, eine verfassungsmäßige Staatsführung gefährdet sein könnte.

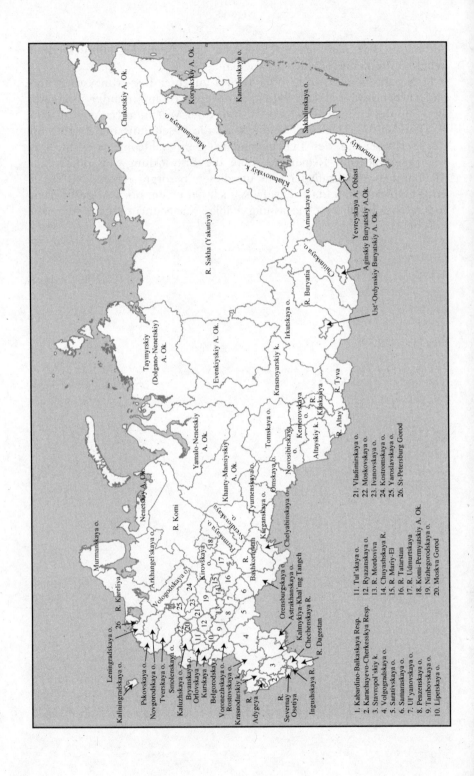

Chukotskiy A. Ok.

Koryakskiy A. Ok.

Kamchatskaya o.

Magadanskaya o.

Sakhalinskaya o.

Primorskiy k.

Khabarovskiy k.

Amurskaya o.

Yevreyskaya A. Oblast

Aginskiy Buryatskiy A.Ok.

Ust'-Ordynskiy Buryatski A. Ok.

R. Sakha (Yakutiya)

R. Buryatia

Chitinskaya o.

Irkutskaya o.

Taymyrskiy (Dolgano-Nenetskiy) A. Ok.

Evenkiyskiy A. Ok.

Krasnoyarskiy k.

R. Tyva

R. Altay

Altayskiy k.

R. Khakasiya

Kemerovskaya o.

Tomskaya o.

Novosibirskaya o.

Omskaya o.

Yamalo-Nenetskiy A. Ok.

Khanty-Mansiyskiy A. Ok.

Tyumenskaya o.

Kurganskaya o.

Sverdlovskaya o.

Chelyabinskaya o.

Murmanskaya o.

Nenetskiy A. Ok.

R. Komi

Arkhangel'skaya o.

Vologodskaya o.

Permskaya o.

R. Bashkortostan

Orenburgskaya o.

Astrakhanskaya o.

Kalmykiya-Khal'mg Tangch

Chechenskaya R.

R. Dagestan

R. Kareliya

Leningradskaya o.

Kaliningradskaya o.

Pskovskaya o.

Novgorodskaya o.

Tverskaya o.

Smolenskaya o.

Kaluzhskaya o.

Bryanskaya o.

Orlovskaya

Kurskaya

Belgorodskaya

Voronezhskaya o.

Rostovskaya k.

Krasnodarskiy k.

R. Adygeya

R. Severnay Osetiya

Ingushskaya R.

18

17

16

13 15 14

19

24 23

25

22 20 21 12 11

10 9 8 7 6 5 4 3 2

26

1. Kabardino-Balkaskaya Resp.
2. Karachayevo-Cherkesskya Resp.
3. Stavropol'skiy k.
4. Volgogradskaya o.
5. Sarativskaya o.
6. Samarskaya o.
7. Ul'yanovskaya o.
8. Penzenskaya o.
9. Nizhegorodskaya o.
10. Lipetskaya o.

11. Tul'skaya o.
12. Ryazanskaya o.
13. R. Mordoviva
14. Chuvashskaya R.
15. R. Mariy-El
16. R. Tatarstan
17. R. Udmurtskaya
18. R. Komi-Permyatskiy A. Ok.
19. Nizhegorodskaya o.
20. Moskva Gorod

21. Vladimirskaya o.
22. Moskovskaya o.
23. Ivanovskaya o.
24. Kostromskaya o.
25. Yaroslavskaya o.
26. St-Petersburg Gorod

Russland: Föderalismus im Wandel

MARAT SALIKOV

Seit dem Zusammenbruch der Sowjetunion kämpft Russland bemüht darum, die strikte politische und wirtschaftliche Kontrolle der kommunistischen Ära durch die Errichtung eines demokratischen politischen Systems, einer Marktwirtschaft und einer wirklich föderalen Struktur zu ersetzen. Russland ist nicht nur das größte Land der Erde, es hat auch eines der komplexesten föderalen Systeme. Die Russische Föderation besteht aus 89 Teileinheiten, die typischerweise als Föderationssubjekte bezeichnet werden und in sechs Kategorien unterteilt sind: Republiken, Territorien, Regionen, autonome Bezirke, autonome Regionen und Städte föderalen Ranges. Die Russische Föderation verbindet ethnischen und territorialen Föderalismus. Die gegenwärtig gültige Verfassung der Russischen Föderation stammt aus dem Jahr 1993 und die föderale Struktur bleibt flexibel.

Formal wurde der Föderalismus in Russland erstmals mit der föderalen Verfassung von 1918 eingeführt. Die signifikanteste Entwicklung der Sowjetära bestand in der Eingliederung der Russischen Sozialistischen Föderalistischen Sowjetrepublik (RSFSR) in die Union der Sozialistischen Sowjetrepubliken (UdSSR), die offiziell 1922 ausgerufen wurde. Trotz der vorgeblichen Verpflichtung auf den „sozialistischen Föderalismus" war die UdSSR in hohem Maße ein Einheitsstaat. Die UdSSR basierte auf einem tief in der marxistisch-leninistischen Ideologie verwurzelten politischen Einparteiensystem mit einem Schwerpunkt auf „demokratischem Zentralismus", einer zentralen Planwirtschaft und einer mächtigen staatlichen Repressionsmaschinerie. Was für die UdSSR galt, galt in gleichem Maße auch für die RSFSR: Föderalismus war mehr Vorwand als Realität.

Nach der Auflösung der UdSSR in den frühen 90er Jahren wurde die föderale Verfassung dahingehend geändert, dass der Ausdruck „autonom" aus dem offiziellen Namen der Republiken gestrichen wurde, der Name UdSSR durch „Russische Föderation" ersetzt wurde und alle Territorien, Regionen und Städte föderalen Ranges als Mitglieder der neuen Föderation anerkannt wurden. Gemäß dem dreiteiligen Föderationsvertrag von 1992, den die Bundesbehörde und alle Einheiten der Russischen Föderation mit Ausnahme Tschetscheniens und Tatarstans unterzeichneten, erhielten diese neuen Mitglieder jedoch nicht die gleichen Rechte wie die Republiken. Erst mit der Annahme der Verfassung von 1993, Russlands gegenwärtiger Verfassung, wurden die gleichen Rechte für alle Föderationssubjekte verfassungsmäßig verankert.

Alle Teileinheiten der Föderation sind als sich selbst regierende Einheiten anerkannt – im Gegensatz zur Sowjetära, als lediglich ethnisch begründete Einheiten als „Föderationssubjekte" anerkannt waren. Allen Teileinheiten steht es jetzt frei, ihre eigene Verfassung oder eigene Statuten zu verabschieden, ohne wie in der Sowjetära um die Zustimmung föderaler Institutionen ersuchen zu müssen. Gemäß der Vorrangklausel der Föderationsverfassung wird jedoch den Gesetzen der Föderation Vorrang vor den Verfassungen der unteren Ebene gewährt.

Darüber hinaus wird die territoriale Integrität der Föderationssubjekte garantiert. Ihre Grenzen können nicht ohne ihre eigene und die Zustimmung des Föderationsrates (eine der beiden Kammern des Parlaments, der Föderalen Versammlung) geändert werden. Jede föderale Einheit ist im Föderationsrat mit zwei Repräsentanten vertreten: einem Mitglied der Legislative und einem der Exekutive. Wenn die Bundesregierung die Befugnisse einer föderalen Einheit anzweifelt, kann diese beim Verfassungsgericht Schutz suchen.

Schließlich üben die Teileinheiten sowohl ausschließliche als auch konkurrierende Kompetenzen aus. Diese erstrecken sich sogar bis hin zu den Außenbeziehungen. Die föderalen Einheiten können internationalen Wirtschaftsabkommen mit Teileinheiten anderer Länder und, mit Zustimmung der Föderation, sogar mit anderen Nationen beitreten.

Russlands föderales System entwickelte sich aus einem Einheitsstaat heraus, und es gibt sowohl in den Gesetzen als auch im öffentlichen Bewusstsein noch immer Überbleibsel dieser einheitlichen Tradition. Die historische Entwicklung Russlands verlief vom überzentralisierten Staat des Russischen Reichs und der Sowjetunion/RSFSR hin zu einer dezentralisierten Föderation, wenngleich die Föderalismuspolitik von Präsident Putin Anzeichen einer neuen Zentralisierung aufweist. In dem Jahrzehnt nach dem Inkrafttreten der Föderationsverfassung hat Russland bemerkenswerte Fortschritte bei der Festigung der föderalen Demokratie gemacht, doch bleiben wichtige Herausforderungen bestehen.

Ein anhaltendes Problem liegt in der Struktur der Russischen Föderation begründet, da die Abgrenzung der gegenwärtigen „Föderationssubjekte" erst vor kurzem mit der Verabschiedung der Verfassung im Jahr 1993 erfolgte. Die Kontroverse darüber, ob der russische Föderalismus symmetrisch oder asymmetrisch sein soll, ob Föderationssubjekte gleiche Macht und gleiche Rechte haben sollen oder ob ethnisch begründete Republiken einen anderen Status genießen sollen, dauert an. Angesichts der Tatsache, dass viele unterentwickelte Einheiten der Föderation weitgehend von Subventionen der Föderation abhängen, wird zudem in einigen politischen Zirkeln Druck gemacht, die föderalen Teileinheiten zu vergrößern und ihre Zahl zu verringern.

Die verfassungsrechtliche Gewaltenteilung zwischen der Föderationsregierung und den föderalen Einheiten gibt insbesondere angesichts der Umsetzung konkurrierender Kompetenzen ebenfalls Anlass zur Sorge. Theoretisch sollte die Ausübung dieser Kompetenzen so erfolgen, dass die Föderationsregierung die Rahmengesetze vorgibt und die föderalen Einheiten in Übereinstimmung mit den Bedingungen vor Ort detailliertere Regeln ausarbeiten. In der Praxis jedoch sind aus den allgemeinen Richtlinien der Bundesgesetze häufig sehr detaillierte Gesetzesvorschriften geworden, die den regionalen Gesetzgebern keine eigene Rolle lassen.

Der Versuch der Zentralregierung, die Beziehungen zwischen der Föderation und den Regionen zu harmonisieren (die vertikalen Beziehungen zu stärken), könnte zu einem hochgradig zentralisierten Föderalismus führen. In einigen Teilen der Föderation – beispielsweise Baschkortistan, Sakha, Sverdlowsk und Tatarstan – bleibt jedoch ein fest verwurzelter Widerstand gegen eine solche Zentralisierung erhalten.

Die größte Herausforderung, der sich das russische föderale System gegenübersieht, ist die Tschetschenien-Krise. Dieser größere bewaffnete Konflikt wurde dadurch ausgelöst, dass sich die Tschetschenische Republik für unabhängig erklärte, obwohl die Verfassung der Föderation eine solche Abspaltung nicht vorsieht. Diese Unabhängigkeitserklärung hat von 1994 bis 1996 und von 1999 bis 2000 zu zwei Kriegen (Interventionen der Föderation) geführt. Noch heute setzen separatistisch orientierte Einheiten ihren Kampf gegen Föderationskräfte fort und verüben terroristische Anschläge. Trotz dieser Feindseligkeiten haben die Wähler im Frühjahr 2003 in einem Referendum eine republikanische Verfassung und Gesetze für die Wahl des Parlaments und des Tschetschenischen Präsidenten angenommen. Die nächsten Parlamentswahlen sind für das Frühjahr 2005 geplant, und Präsident Putin hat seinem Wunsch Ausdruck verliehen, mit den neu gewählten Vertretern der Tschetschenischen Republik einen Vertrag zu unterzeichnen, um die Gewaltenteilung zwischen der Föderationsregierung und der Tschetschenischen Republik zu regeln.

Trotz dieser Probleme ist die Föderationsverfassung ihren Vorgängerinnen weit überlegen, und das Verfassungsgericht sollte in der Lage sein, mit einer Kombination aus Verfassungsänderungen und –interpretationen die verbleibenden Unzulänglichkeiten zu mildern.

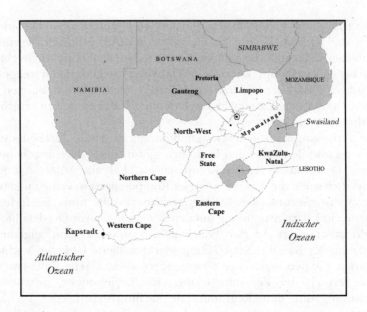

Südafrikas ausgehandelter Kompromiss

NICO STEYTLER

Nach drei Jahrhunderten Kolonial- und Rassenherrschaft führte Südafrika 1996 eine neue Verfassung ein, die eine nicht-rassistische Demokratie etablierte. Der Übergang von einer Minderheits- zu einer Mehrheitsherrschaft war eine „ausgehandelte Revolution". Die daraus hervorgegangene Verfassung weist einige föderale Merkmale auf, stellt aber dennoch die Dominanz der Zentralgewalt sicher. Obwohl neun Provinzen geschaffen wurden, wurde weder in der Verfassung noch in den politischen Diskussionen und Debatten vor und nach der Einführung der Verfassung das Wort „Föderalismus" für das föderale System Südafrikas verwendet. Da sich das Land nirgendwo selbst schriftlich als föderal bezeichnet, hält die Debatte über die Natur des neuen südafrikanischen Staates an.

Ziel der Verfassung war es, die unterdrückte Mehrheit zu befreien und mit Macht auszustatten, um das Unrecht der Vergangenheit zu berichten. Verbunden mit diesem Ziel war der Wunsch, ein historisch nach Rassen und nach ethnischer Herkunft geteiltes Land zu einigen. Das Vorhaben der Nationenbildung basierte auf dem individualistischen Vorstoß der Menschenrechte, der die alten Rassenunterteilungen durchtrennen und eine neue Republik begründen sollte, die gemäß der Präambel der Verfassung von 1996 „all denen gehört, die vereint in ihren Unterschieden darin leben".

Das jetzige dezentrale System war das Ergebnis von Verhandlungen – eines Tauziehens zwischen den zwei gegensätzlichen Ausgangspunkten Zentralismus und Föderalismus. In Anbetracht der vor 1993 gültigen, stark zentralistischen Verfassung argumentierten die Befürworter des Föderalismus, dass die neue Verfassung garantieren sollte, dass keine Zentralregierung dem ganzen Land ihr Diktat aufzwingen könne. Sie argumentierten, dass eine breitere Aufteilung der Macht eine bessere Garantie für die Demokratie wäre. Die Befürworter des Zentralismus – weitgehend durch die Befreiungsbewegung repräsentiert – argumentierten, dass eine starke Zentralregierung notwendig sei, um den für das Land wichtigen Transformationsprozess voranzubringen. Sie argumentierten, dass eine starke Zentralregierung das einzige Mittel sei, die Bedingungen für diejenigen zu verändern, die früher ausgeschlossen waren.

Südafrika gab sich in den 90er Jahren zwei Verfassungen: eine Übergangsverfassung, die das Ergebnis der Verhandlungen im Jahr 1993 war, und eine endgültige Verfassung, die 1996, zwei Jahre nach den 1994 abgehaltenen ersten Wahlen ohne Rassentrennung, verabschiedet wurde. Die föderalen Elemente, die schließlich in die Verfassungen von 1993 und 1996 integriert wurden, waren das Ergebnis des Gebens und Nehmens während des Verhandlungsprozesses. Der Staat sollte als ein ausgehandelter Kompromiss verstanden werden, nicht als das Produkt einer einzigen klaren Vision. Sowohl die Übergangsverfassung als auch die Verfassung von 1996 wichen in zwei wichtigen Punkten von der früheren Rassentrennungs-Demokratie ab. Erstens gründete sich die Verfassung auf die klassische liberale Philosophie des Individualismus und nicht auf den Schutz und die verfassungsmäßige Verankerung einzelner Gruppen, seien sie ethnischer, rassischer oder sprachlicher Natur. Zweitens vermied die Verfassung eine wettbe-werbliche Beziehung zwischen den Einheiten der unteren Ebene und der Zentralgewalt, obwohl Einheiten auf regionaler bzw. lokaler Ebene geschaffen wurden. Die Schaffung einer Nation war das alles überragende Ziel.

Südafrikas Verfassung ist für andere Föderationen wegen der Art und Weise, wie die Macht auf die drei Regierungsebenen (Nation, Provinzen, lokale Ebene) aufgeteilt wird und wegen der expliziten Darstellung bestimmter Prinzipen einer kooperativen Regierungsform von Interesse.

Südafrika hat gegenwärtig eine starke nationale Regierung und versucht zudem, starke lokale Regierungen zu schaffen. Obwohl die Verfassung einen Rahmen vorgibt, in dem die Provinzen eine signifikante Rolle bei der

Regierungsausübung spielen, haben sie nur begrenzte Steuerbefugnisse und hängen auf der Einnahmenseite zu 96 Prozent von Transfers der Zentralregierung ab. Anhaltende öffentliche Debatten werden darüber geführt, ob die Struktur der Provinzen gestärkt werden soll, damit diese eine bedeutendere Rolle spielen, oder ob sie weiter abgeschwächt werden soll.

Vor den demokratischen Wahlen des Jahres 1994 wurde in Südafrika eine Gemeindeebene geschaffen und auf der Basis der Rassenzugehörigkeit organisiert. Obwohl die Übergangsverfassung einen Abschnitt über die lokalen Regierungen enthielt, wurden die Gemeinden unter die direkte Kontrolle der Provinzen gestellt. Die Verfassung von 1996 änderte das Konzept der lokalen Regierungen als unterste Regierungsebene grundlegend und erhob sie stattdessen in einen der nationalen Regierung und den Regierungen der Provinzen vergleichbaren Stand. Darüber hinaus verpflichtete die Verfassung von 1996 das ganze Land auf demokratische lokale Regierungen.

Eine ganze Reihe von Faktoren hat zu dieser Veränderung im Status beigetragen. Die lokalen Gemeinschaften spielten für die Befreiungsbewegung eine wichtige politische Rolle in ihrem langwierigen Kampf gegen die Apartheid, was zu einer starken Bürgerbewegung führte. Die Autoren der Verfassung versuchten, aus dieser sozialen Bewegung ein Entwicklungsprojekt zu machen, in dem der einzelne Mensch im Mittelpunkt steht. Die Vorstellung von lokalen Regierungen als Antreiber von Entwicklungsprozessen entsprach auch modernen Entwicklungstheorien, wonach lokale Beteiligung und Initiative für soziale und wirtschaftliche Entwicklung unverzichtbar sind. Da die Schaffung der Provinzen ein ungeliebter Kompromiss war, erfolgte die Stärkung der Lokalregierungen auf Kosten der Provinzen.

Obwohl den Lokalregierungen ein gewisses Maß an Autonomie garantiert wird, werden sie in erheblichem Umfang durch die nationale Regierung und die Regierungen der Provinzen beaufsichtigt. Finanziell genießen die Lokalregierungen ein hohes Maß an Autonomie. Sie haben die Steuerhoheit im Bereich der Grundsteuer und der Benutzergebühren und erwirtschaften gegenwärtig 83 Prozent ihrer Einnahmen selbst.

Die Verfassung von 1996 machte die kooperative Regierungsform zur Grundlage der Dezentralisierung und formulierte in groben Zügen deren Leitprinzipien. Laut dem Verfassungsgerichts enthält die Verfassung keinen „Wettbewerbsföderalismus", sondern im Gegenteil „kooperative Regierung". Ein wichtiges Prinzip der kooperativen Regierungsform ist die Vermeidung von Gerichtsverfahren zur Entscheidung zwischenstaatlicher Streitigkeiten. Der Grund dafür besteht darin, dass Streitigkeiten, wann immer dies möglich ist, „auf einer politischen Ebene und nicht durch schädliche Gerichtsverfahren beigelegt werden sollten". Bis heute sind die Beziehungen zwischen der Zentralgewalt und den Provinzen kooperativ und nicht auf Konflikt ausgerichtet, was auch durch die Dominanz einer einzigen Partei in den Regierungen der Provinzen und der lokalen Ebene beeinflusst wird.

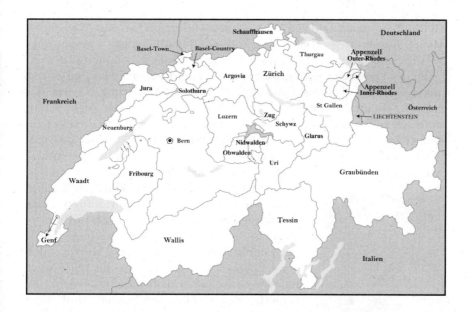

Schweiz:
Eine alte Demokratie konfrontiert
mit neuen Herausforderungen

NICOLAS SCHMITT

Die erste Verfassung der "modernen" Schweiz aus dem Jahr 1848 ist nach der Verfassung der USA die zweitälteste föderale Verfassung der Neuzeit. Mit ihrer Verabschiedung konnte eine Periode der Unsicherheit beendet werden, in der die Schweiz eine Reihe von Regierungssystemen ausprobiert hatte. Die Schweizer Verfassung ist den Wünschen und Erwartungen der Bürger gerecht geworden. Allerdings haben einige der Gründe, die zu ihrem Erfolg beigetragen haben, – beispielsweise die hochdemokratischen Entscheidungsprozesse und die Förderung der Vielfalt im Land – nun zu einer Reihe neuer Probleme geführt.

Bis 1798, als die Invasion Napoleons das Land in eine einheitliche und unteilbare Republik nach dem Vorbild Frankreichs umwandelte, war das Land ein loser Staatenbund souveräner Kantone. Nach fünf Jahren Aufruhr und Rebellion war der Kaiser gezwungen, die dezentrale Struktur der Schweiz wiederherzustellen. Im Anschluss an den Wiener Kongress erhielten die Kantone ihre volle Souveränität zurück. In der Zeit der Industriellen Revolution jedoch wurde die in einer losen Konföderation verbundene große Zahl von Mikrostaaten so unregierbar, dass es zu einem kurzen Bürgerkrieg zwischen den konservativ-katholischen Sezessionisten (dem Sonderbund) und den liberal-protestantischen Kantonen kam.

Bei der Entscheidung, ein föderales System in seiner Verfassung zu verankern, stützte sich das Land auf seine große Erfahrung. Es war das einzige System, das erfolgreich 25 Kantone (heute 26) mit solch extrem unterschiedlichen Merkmalen vereinen konnte. In der Tat ist dieses Land, dessen Territorium weniger als ein halbes Prozent der Fläche der USA ausmacht, die Heimat von vier Landessprachen, drei großen Regionen und zwei wichtigen Religionen, ohne die sozialen Unterschiede zwischen den Kantonen zu erwähnen. Die Einführung eines föderalen Systems setzte die Tradition eines dezentralen Systems fort, das seit 1291 existierte, als sich die ersten Kantone in einer Union zusammenschlossen. Deswegen wurde auch der frühere Name des Landes, die „Schweizer Eidgenossenschaft", beibehalten, obwohl die Schweiz heute ein Bundesstaat und kein Staatenbund ist. Die Verfassung erfüllte eine komplizierte Integrationsfunktion. Durch ihre Verpflichtung auf Vielfalt schaffte sie auf einem Staatsgebiet, das für die Schaffung eines Nationalgefühls denkbar ungeeignet ist, eine Willensnation, das heißt ein Land, das allein durch den Willen seiner Bürger, zusammenleben zu wollen, entstanden ist.

> Durch ihre Verpflichtung auf Vielfalt schaffte sie auf einem Staatsgebiet, das für die Schaffung eines Nationalgefühls denkbar ungeeignet ist, eine Willensnation.

Wie ihr amerikanisches Pendant beendete auch die Schweizer Verfassung das unbefriedigende System der Konföderation. Ebenfalls wie die amerikanische Verfassung schuf sie ein aus zwei Kammern bestehendes Parlament, von denen eine, der Ständerat, die Kantone repräsentiert und sich aus je zwei Vertretern jedes Kantons zusammensetzt. Und so wie die amerikanische Verfassung hat sie die langfristige Prüfung der Zeit bestanden. Obwohl die Verfassung zweimal umfassend reformiert wurde, ein erstes Mal im Jahr 1874 und ein zweites Mal im Jahr 1999, und mehr als 120 von der Mehrheit der Bundes und einer Mehrheit der Kantone beschlossene Verfassungszusätze hinzugefügt wurden, blieben die ursprünglich verankerten Institutionen und Verfahren praktisch unverändert. In mehreren Punkten weicht die Schweizer Verfassung allerdings auch von der amerikanischen Verfassung ab, weil sie die politischen, ökonomischen, sozialen und kulturellen Unterschiede zwischen und innerhalb der Kantone mit einbinden musste. Dazu schafft die Schweizer Verfassung mit dem so genannten Bundesrat eine einzigartige kollektive Exekutive, die aus sieben Mitgliedern besteht. Sie stammen jeweils aus unterschiedlichen Kantonen und werden von beiden Kammern des Parlaments für vier Jahre gewählt. Der Bundesrat ermöglicht die

Repräsentation der Mannigfaltigkeit des Landes. Der Bundespräsident der Schweiz ist Mitglied des Bundesrates und wird vom Parlament für die Amtsdauer von einem Jahr gewählt.

Das Schweizer System hat dem Land seit 1848 Stabilität gebracht, ohne es gegen Innovationen abzuschotten. Auf subtile Art und Weise hat es die Macht unter den seit langem an ein System der Kantone und Gemeinden und der direkten Demokratie gewohnten politischen Akteuren im Land aufgeteilt. Die direkte Demokratie bringt die Beteiligung der Bürger an den Entscheidungen der Regierung mit sich, meistens durch Volksbefragungen und Referenden, gelegentlich auch durch direkte Abstimmungen über Gesetzesvorhaben. Auch wenn einige Befugnisse des Bundes erweitert wurden, bleiben sie durch den Föderalismus und die direkte Demokratie beschränkt, was die Schweiz zu einem der demokratischsten Länder der Welt macht.

Der Preis für diese Erfolge besteht jedoch in der kontinuierlichen Suche nach einem Konsens aller Parteien, was zu einem schwerfälligen und komplizierten Entscheidungsprozess führt, in dem Kompromisse nicht als Schwäche sondern als Wert betrachtet werden. Obwohl die Verfassung die Schweiz sicher durch die internationalen Kriege und die sozialen Unruhen des 20. Jahrhunderts leitete, hat das beginnende 21. Jahrhundert an bisher für sicher gehaltenem gerüttelt. Es könnte der Eindruck entstehen, die politische Führung habe sich darauf konzentriert, das interne Gleichgewicht der Institutionen aufrechtzuerhalten und gleichzeitig die ökonomischen und internationalen Herausforderungen hinsichtlich der Globalisierung sowie der Migration von Ausländern und Asylsuchenden aus den Augen verloren.

Die Aufnahme von zehn neuen Mitgliedsländern in die Europäische Union am 1. Mai 2004 machte die Schweiz mehr als je zuvor zu einer Insel, oder einem Loch, im Herzen des Kontinents. In der Folge unterzeichneten die Schweizer Behörden und die Europäische Union (EU) im Mai 2004 eine Reihe von bilateralen Abkommen. Der Umfang und die Komplexität dieses Prozesses verdeutlichte nicht nur, wie schwierig bilaterale Verhandlungen sind, sondern auch wie abhängig die Schweiz von der EU ist.

Dies ist jedoch nicht das Einzige, was die berühmte Stabilität des Landes gefährdet. Die im Oktober 2003 abgehaltenen Bundeswahlen signalisierten sowohl einen Rechtsruck als auch eine Polarisierung im politischen Klima des Landes. Die Wahlen führten zur ersten Änderung der Parteienzusammensetzung im Bundesrat seit 1959, der bis dahin so fest gefügt war, dass die Grundlage für die Vertretung durch die Parteien als „magische Formel" bezeichnet wurde. Die daraus resultierende Änderung des Parteiengleichgewichts in der Regierung führt nun zu Fragen nach dem Verhältnis des Bundesrats zum Parlament und danach, ob der Bundesrat direkt vom Volk gewählt und nicht mehr durch das Parlament bestimmt werden sollte.

Ein weiterer Streitpunkt ist die Entscheidung der deutschsprachigen Kantone, Englisch dem Französischen als Pflichtfach in der Schule vorzuziehen, da dies den nationalen Zusammenhalt untergraben könnte.

Verfassungsrechtler, Politiker und nicht zuletzt auch die Bürger werden in den kommenden Jahren damit beschäftigt sein, Lösungen für diese großen politischen Herausforderungen zu finden. Denis de Rougemont, einer der führenden europäischen Wissenschaftler auf dem Gebiet des Föderalismus im 20. Jahrhundert, pries das Schweizer Modell dafür, dass es „zufriedene Menschen" geschaffen und die nationale Einheit durch die Förderung ihrer Verschiedenheit erreicht habe. Aber werden die komplexen Entscheidungsprozesse zur Konsenserzielung unter den unterschiedlichen Gruppen der Schweiz zu einer Lösung führen oder werden sie sich selbst als das größte Problem erweisen?

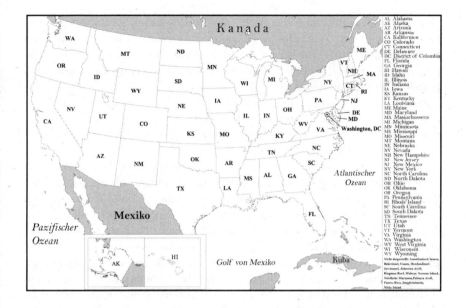

AL	Alabama
AK	Alaska
AZ	Arizona
AR	Arkansas
CA	Kalifornien
CO	Colorado
CT	Connecticut
DE	Delaware
DC	District of Columbia
FL	Florida
GA	Georgia
HI	Hawaii
ID	Idaho
IL	Illinois
IN	Indiana
IA	Iowa
KS	Kansas
KY	Kentucky
LA	Louisiana
ME	Maine
MD	Maryland
MA	Massachussetts
MI	Michigan
MN	Minnesota
MS	Mississippi
MO	Missouri
MT	Montana
NE	Nebraska
NV	Nevada
NH	New Hampshire
NJ	New Jersey
NM	New Mexico
NY	New York
NC	North Carolina
ND	North Dakota
OH	Ohio
OK	Oklahoma
OR	Oregon
PA	Pennsylvania
RI	Rhode Island
SC	South Carolina
SD	South Dakota
TN	Tennessee
TX	Texas
UT	Utah
VT	Vermont
VA	Virginia
WA	Washington
WV	West Virginia
WI	Wisconsin
WY	Wyoming

Nicht dargestellt: Amerikanisch Samoa, Bakerinsel, Guam, Howlandinsel, Jarvisinsel, Johnston Atoll, Kingman Reef, Midway, Navassa Island, Nördliche Marianen, Palmyra Atoll, Puerto Rico, Jungferninseln, Wake Island

USA: Dauerhafte Verfassung, neue Herausforderungen

G. ALAN TARR

In ihrer erfolgreichen Geschichte hat die amerikanische Verfassung in der ganzen Welt als Inspiration und als Modell für neu entstehende föderale Demokratien gedient. Sie hat sich als fähig erwiesen, auf Herausforderungen wie die eines Uneinigkeit stiftenden Bürgerkriegs zu reagieren. Nach mehr als zweihundert Jahren sieht sie sich nun einer neuen Runde von Herausforderungen gegenüber.

Eine der bedeutendsten Fragen besteht darin, wie das verfassungsrechtliche System die Globalisierung, wie sie durch den Abschluss des Nordamerikanischen Freihandelabkommen (Nafta) und die aggressiven staatlichen Eingriffe in die Handelspolitik zum Ausdruck kommt, angemessen berücksichtigen kann. Eine Quelle kontinuierlichen Streits ist, wie das Verfassungssystem mit den in den einzelnen Bundesstaaten unterschiedlichen Ansichten in Bezug auf wichtige moralische Fragen wie gleichgeschlechtliche Ehe, Todesstrafe und Abtreibung umgehen soll. Geht es bei diesen Fragen um fundamentale Rechte, so dass ein einheitlicher nationaler Standard benötigt wird, oder handelt es sich um Angelegenheiten, bei denen Verschiedenheit unter den Staaten verfassungsrechtlich garantiert ist? Eine andere Sorge besteht darin, wie in der

Verfassung eine angemessene Rolle der Bundesstaaten garantiert werden kann. Gezeigt hat sich dies auch in den Debatten über die jüngsten Entscheidungen des Obersten Gerichtshofs zur Immunität des Souveräns und zum „Commerce Power", mit denen die „Würde der Bundesstaaten" gewährleistet werden sollte.

Auch wenn die Fähigkeit der amerikanischen Verfassung, sich Änderungen anzupassen, durch diese aktuellen Herausforderungen immer wieder getestet wird, hat die Geschichte gezeigt, dass sie ein bemerkenswert ausdauerndes Dokument ist.

Sie wurde 1787, nach dem Scheitern der „Articles of Confederation", der ersten Verfassung des Landes, geschrieben und ist seit nunmehr über 200 Jahren in Kraft. In diesem Zeitraum haben sich die Vereinigten Staaten grundlegend gewandelt: von dreizehn Staaten entlang der Atlantikküste zu fünfzig Staaten, die sich über den ganzen Kontinent erstrecken (und im Fall Hawaiis sogar darüber hinaus); von einem relativ homogenen Land mit einigen Millionen Einwohnern zu einem facettenreichen Land mit über 270 Millionen Einwohnern; und von einem wirtschaftlich schwachen Land zu einer Supermacht. Dennoch haben diese Veränderungen weitgehend in den Grenzen der Verfassung stattgefunden: In über 200 Jahren ist die Verfassung nur 27 Mal verändert worden. Wie kann diese außerordentliche Dauerhaftigkeit erklärt werden?

> Diese Entwicklung von einer Konföderationsregierung, die auf die Teileinheiten einwirkte, hin zu einer Föderationsregierung, die auf den einzelnen Bürger einwirkt, war eine große Innovation in der föderalen Theorie, die spätere föderale System beeinflusste.

Die Antwort auf diese Frage liegt zum Teil in den Ursprüngen der Verfassung begründet. Der Ruf nach einer neuen Verfassung erhob sich weniger als ein Jahrzehnt nach der Unabhängigkeit von Großbritannien als Reaktion auf Unzulänglichkeiten der „Articles of Confederation", denn sie waren weder in der Lage, für wirtschaftliche Prosperität zu sorgen, da das Land unter innernationalen Handelsschranken litt, noch konnten sie die Rechte in und außerhalb der staatlichen Gesetzgebung vor der Herrschaft der Straße beschützen. Und sie ließen auch keine starke Regierung zu, die notwendig gewesen wäre, damit die Vereinigten Staaten auf der Weltbühne eine wichtige Rolle hätten spielen können. Die Gründer lösten dieses Problem dadurch, dass sie die Befugnisse der Bundesregierung erweiterten und ihr die Möglichkeit gaben, direkt auf die Bürger einzuwirken. Diese Entwicklung von einer Konföderationsregierung, die auf die Teileinheiten einwirkte, hin zu einer Föderationsregierung, die auf den einzelnen Bürger einwirkt, war eine große Innovation in der föderalen Theorie, die spätere föderale System beeinflusste.

Die Verfassung löste viele Probleme, versagte aber darin, den Streit um die Sklaverei zu schlichten, der den Norden und den Süden spaltete. Einige der Gründer erwarteten – oder hofften –, die Sklaverei würde nach und nach verschwinden, da sie unwirtschaftlich sei. Andere befürchteten, dass eine diesbezügliche Konfrontation die Union spalten würde, was beinahe auch geschah.

Der Bürgerkrieg war zum Teil ein Verfassungskonflikt. Der Süden bestand darauf, dass die Bundesstaaten das Recht haben sollten, ihre inneren Angelegenheiten selbst zu regeln (einschließlich der Frage, ob die Sklaverei abgeschafft wird oder nicht). Der Norden dagegen bestand darauf, dass die Kompromisse der Verfassung hinsichtlich der Sklaverei temporärer Natur waren und dass das Dokument im Lichte der Prinzipien der Unabhängigkeitserklärung gelesen werden sollte. Er nahm dabei auf das viel gepriesene Zitat Bezug: „Wir halten die nachfolgenden Wahrheiten für klar an sich und keines Beweises bedürfend, nämlich: dass alle Menschen gleich geboren; dass sie von ihrem Schöpfer mit gewissen unveräußerlichen Rechten begabt sind; dass zu diesem Leben, Freiheit und das Streben nach Glückseligkeit gehöre." Der Süden betrachtete die Union als einen Pakt zwischen Staaten, den aufzukündigen jeder Staat das Recht hat, wann immer er dies wünscht. Für den Norden hingegen war es eine unauflösbare Union der Menschen, auch wenn diese in Staaten organisiert waren. Obwohl die Union hielt und die Einheit des Landes nach dem Bürgerkrieg nie mehr ernsthaft gefährdet war, wurde die Verfassung in der Folge erheblichen Umgestaltungen unterworfen. Die nach dem Bürgerkrieg eingefügten Verfassungszusätze hatten einen „nationalisierenden" Effekt, wenngleich keinen, der die föderale Vielfalt unmöglich gemacht hätte.

Zum Teil verdankt die amerikanische Verfassung ihren Erfolg der Tatsache, dass sie einerseits die Voraussetzungen für gemeinsame Werte schuf und andererseits Flexibilität bei der Interpretation und den Einfluss der Bundesstaaten zuließ. Ein herausragender Aspekt der amerikanischen Bundesverfassung ist das Fehlen von Details bei vielen (wenngleich nicht allen) Bestimmungen. Diese Allgemeingültigkeit ermöglicht eine gewisse „Beweglichkeit in den Gelenken" und weist damit zukünftigen Generationen eine Rolle bei der Ausgestaltung der Verfassung zu. Wenn man die amerikanische Bundesverfassung mit ihren Gegenstücken in anderen föderalen Demokratien vergleicht, sticht einem ins Auge, dass die amerikanische Verfassung den Bundesstaaten viele Möglichkeiten hinsichtlich der Wahl der Regierungsform lässt. Jede Regierungsebene ist für die Gestaltung ihrer Institutionen wie auch für die Erzielung ihrer Einkünfte in erster Linie selbst verantwortlich. Auch sieht die Verfassung kein System von Transferzahlungen vor. Lokale Regierungsformen, das Bildungs- und Gesundheitswesen und die Wohnungspolitik – alles Themen, die in den Bundesverfassungen der meisten Länder behandelt werden – finden in der amerikanischen Verfassung keine gesonderte Erwähnung, während sich die Verfassungen der einzelnen Bundesstaaten mit ihnen in beachtlichem Detail beschäftigen. Dieses Fehlen von Details schränkt die amerikanische Bundesregierung jedoch in ihrer Wirksamkeit nicht ein.

Die Verfassung überträgt der Bundesregierung nur begrenzte Befugnisse. Diese wenigen Befugnisse versetzen sie dennoch in die Lage, die ihr verfassungsmäßig übertragenen Aufgaben zu erfüllen. Sie hat alle „notwendigen und angemessenen" Befugnisse, die ihr übertragene Macht wirksam auszuüben. Des Weiteren ist die Bundesregierung ermächtigt, Gesetze für Individuen zu verabschieden, und ist so bei der Umsetzung ihrer politischen Maßnahmen nicht auf die Bundesstaaten angewiesen. Die Bundesregierung hat ihre Macht zudem erheblich ausgeweitet. Großzügige Interpretationen der Befugnisse der föderalen Ebene – beispielsweise das Recht, die Wirtschaft und den Handel zu regulieren, und die Inanspruchnahme des Rechts Ausgaben zu tätigen, um Ziele zu erreichen, die andernfalls mit den der Bundesregierung übertragenen Befugnissen nicht direkt erreicht werden könnten – haben zu dieser Erweiterung beigetragen. Die Ausdehnung der föderalen Ebene bedeutet nicht notwendigerweise eine Verringerung der Verantwortung der Bundesstaaten, sondern sie ist vielmehr eine Widerspiegelung der Tatsache, dass der Umfang der Verantwortlichkeiten auf allen Regierungsebenen zugenommen hat.

Vergleichende Betrachtungen

G. ALAN TARR

Die Verfassung jedes Landes ist auf gewisse Weise einzigartig, ein Spiegelbild der Geschichte, der Kultur des Landes und des Charakters der Bevölkerung. Wie die vorangehenden Artikel zeigen, bestehen jedoch auch bedeutende Gemeinsamkeiten zwischen den Verfassungen. In vielen Fällen sind die Ähnlichkeiten unter den Verfassungen Ergebnis ihrer Ausgestaltung und nicht des Zufalls. Weil das Entwerfen einer Verfassung die grundlegendste Art der politischen Entscheidung ist, sind die Autoren von Verfassungen gut beraten, sich für ihre Aufgabe die umfassendste Perspektive zu suchen. So orientieren sich Länder bei der Ausarbeitung einer neuen Verfassungsordnung üblicherweise an den Erfahrungen anderer Länder, um von deren Erfolgen und Misserfolgen zu lernen und um Teile der Verfassungen zu übernehmen, auch wenn das Übernommene an die Umstände im eigenen Land angepasst werden muss. Man kann die Wichtigkeit des Prozesses des Lernens, Übernehmens und Anpassens für eine sachkundige Erwägung von Verfassungsfragen kaum überschätzen. Durch die schnappschussartige Darstellung verfassungsrechtlicher Maßnahmen und Entwicklungen in 12 föderalen Demokratien liefern diese Artikel Staatsbediensteten und Bürgern einen nützlichen Leitfaden zur Verfassungsgestaltung und Verfassungspraxis in föderalen Demokratien.

Die Gemeinsamkeiten der Verfassungen spiegeln zum Teil die Tatsache wider, dass eine Verfassung eine herausragende Rolle im politischen Leben eines Landes spielt. Sie verkörpert die fundamentalen Entscheidungen eines Landes hinsichtlich seiner Regierungsform. In Brasilien, Südafrika und den USA beispielsweise ist für die Menschen die Schaffung der Verfassung auch eine Quelle des Stolzes sowie ein Symbol der nationalen Einheit. Eine Verfassung schafft Behörden und regelt, wie diese besetzt werden. Sie weist den Behörden Befugnisse zu und gibt die Ziele vor, zu deren Erreichen politische Macht ausgeübt werden soll. In den meisten Ländern setzt sie der Machtausübung der Regierung auch Grenzen, am offensichtlichsten durch die Ausarbeitung von Rechten, die vor einer Verletzung durch die Regierung geschützt werden sollen.

Wenn ein Land ein föderales System einführt, vervielfachen sich die Aufgaben der föderalen Verfassung. Zusätzlich zu den oben erwähnten Funktionen bestimmt die Verfassung auch, welches die Teileinheiten eines föderalen Systems sind. So kann sie, wie dies in Deutschland und den USA der Fall ist, zwei Regierungsebenen schaffen, wo die Kommunalverwaltung von den föderalen Einheiten eingerichtet und kontrolliert werden. Oder sie kann wie in Nigeria, Russland und Südafrika ein dreischichtiges föderales System einführen, wo die Kommunalverwaltungen Verfassungsstatus besitzen und ihnen eine gewisse Macht garantiert wird. Oder sie kann wie in Belgiens doppelter Föderation von sprachlichen Gemeinschaften und territorialen Einheiten auch eine komplexere Version ausarbeiten.

Die föderale Verfassung entscheidet auch darüber, welche Rolle die Teileinheiten in der Struktur und bei der Führung der Bundesregierung spielen. In den meisten föderalen Systemen sind die Teileinheiten am Prozess der Verfassungsänderung beteiligt, wie dies sowohl in Australien als auch in der Schweiz durch die Notwendigkeit veranschaulicht wird, dass Verfassungsänderungen in einem Referendum von einer Mehrheit der Wähler auf nationaler Ebene sowie von einer Mehrheit der Wähler in einer Mehrheit der Bundesstaaten gebilligt werden müssen. Viele föderale Systeme sichern den Teileinheiten eine weitere Rolle zu, indem sie auf Bundesebene eine aus zwei Kammern bestehende Legislative schaffen, in der die obere Kammer (die föderale Kammer) die Teileinheiten repräsentiert und häufig auch von diesen gewählt wird. In der Tat haben Reformer, die den Föderalismus in Kanada und in Mexiko stärken wollen, eine Stärkung der Rolle der föderalen Kammer in den Mittelpunkt ihrer Bemühungen gestellt. Bisher am weitesten gegangen bei der Sicherung einer angemessenen Beteiligung der föderalen Einheiten an der Regierung des Bundes ist die Schweiz. Sie hat eine aus mehreren Mitgliedern bestehende Exekutive geschaffen, die sich aus Repräsentanten aus sieben verschiedenen Kantonen zusammensetzt.

Die föderale Verfassung bestimmt auch den Spielraum, innerhalb dessen die Teileinheiten der Föderation ihre eigene Politik entwickeln können. Föderale Systeme unterscheiden sich dadurch, in welchem Maß sie den Teileinheiten gestatten, ihre eigene Regierungsform zu bestimmen, zu welchen Zwecken sie ihre politische Macht ausüben werden und welche Rechte sie schützen wollen. In Indien und Nigeria zum Beispiel verfügen die Teileinheiten über keine eigenständige Verfassung. Entscheidungen über die Struktur und Regierungsführung der Teileinheiten sind in der föderalen Verfassung (von der gesagt werden kann, dass sie die Verfassungen der unteren Ebene „beinhaltet") bzw. in der Gesetzgebung der Föderation verankert. Im Unterschied dazu schreiben und revidieren die föderalen Einheiten in Australien und den USA beispielsweise ihre eigenen Verfassungen. Bundesstaaten in Brasilien und Mexiko besitzen ebenfalls einen gewissen Spielraum, um ihre Verfassungen zu formulieren und zu revidieren, aber viele Details der Regierung der Bundesstaaten werden von der föderalen Verfassung vorgeschrieben. Russland und Südafrika sind die Vorreiter besonderer Arrangements: In Russland sind einige Teileinheiten (Republiken) befugt, ihre eigenen Verfassungen zu schreiben, während andere, z.B. Regionen, nur Satzungen verfassen dürfen. In Südafrika dürfen Provinzen Provinzverfassungen einführen, sind aber nicht dazu verpflichtet, und nur eine Provinz (Western Cape) hat bisher von dieser Möglichkeit Gebrauch gemacht.

Im Allgemeinen teilt die Verfassung die Macht unter der Bundesregierung und den Regierungen der Teileinheiten auf. Die in diesem Buch beschriebenen föderalen Systeme unterscheiden sich ganz erheblich im Maß ihrer Zentralisierung. Föderale Systeme, die – wie Indien und Südafrika – die Aufgabe einer sozialen und ökonomischen Transformation zu erfüllen haben, neigen dazu, die Form eines hochgradig zentralisierten Föderalismus zu wählen. Die jüngsten, zentralisierend wirkenden Reformen von Vladimir Putin in Russland sind ein Beleg für die Attraktivität dieses Modells für Länder, die sich einem fundamentalen Wandel unterziehen. Föderale Systeme dagegen, die – wie Belgien und die Schweiz – danach streben, Vielfalt in ihrer Bevölkerung zu ermöglichen, haben sich üblicherweise für einen stärker dezentralisierten Föderalismus entschieden. Offenkundig gibt es kein optimales Maß an Zentralisierung oder Dezentralisierung, die Umstände in einer Gesellschaft sollten darüber entscheiden. Nichtsdestotrotz ist es interessant, dass die Studien über Kanada, Deutschland und Nigeria in diesem Booklet alle auf Probleme hinweisen, die mit übertriebener Zentralisierung einhergehen, und die Notwendigkeit einer Abtretung von Macht betonen.

Bei der Verteilung der Kompetenzen entscheidet die Verfassung, welche Kompetenzen ausschließliches Recht einer Regierung sind und welches gemeinsame bzw. konkurrierende Kompetenzen sind. Die Föderationsverfassung definiert zudem, wie Konflikte hinsichtlich der Machtverteilung zwischen den einzelnen Regierungen gelöst werden sollen. Sowohl konkurrierende als auch getrennte Bereiche können zu Problemen führen. Wenn die Gewaltenteilung zwischen der Bundesregierung und den föderalen Einheiten erfolgt, beinhaltet die Bundesverfassung typischerweise einen Mechanismus, diese Gewaltenteilung zu überwachen, in der Regel ein Verfassungsgericht oder ein Oberstes Gericht. Die Entscheidungen dieses gerichtlichen Schiedsrichters können das föderale Gleichgewicht grundlegend verändern und dabei eine stärkere Zentralisierung der Kompetenzen fördern (wie dies in Brasilien und bis vor kurzem in den USA der Fall war) oder wie in Kanada zu stärkerer Dezentralisierung führen. Wie in der Untersuchung zur brasilianischen Verfassung ausgeführt wurde, kann eine Verfassung, die die Abgrenzung von Bundesregierung und der Regierungen der Teileinheiten betont, unter Umständen wenig förderlich sein für die Art von zwischenstaatlicher Koordinierung, die notwendig ist Probleme zu lösen. Selbst wenn Kompetenzen geteilt werden (oder es sich um konkurrierende Kompetenzen handelt), kann dies dennoch zur Dominanz der Föderation bei der Gesetzgebung führen. Die meisten föderalen Systeme erkennen den Vorrang von Föderationsgesetzen vor denen der föderalen Einheiten an und geben damit kooperativen Regelungen eine hierarchische Form. Obwohl die Schaffung konkurrierender Gesetzgebungsbefugnisse in der Regel beabsichtigt, der Bundesregierung eine Art Rahmengesetzgebung zu ermöglichen, innerhalb dessen den Teileinheiten ein hohes Maß an Entscheidungsspielraum zugesichert wird, lässt – wie dies die Erfahrungen Russlands und Südafrikas belegen – eine detaillierte Gesetzgebung der Föderation in der Praxis wenig Raum für Initiativen der Teileinheiten. Die Tendenz hin zu einer Dominanz der Föderationsebene dürfte besonders in den Systemen ausgeprägt sein, in denen, wie in Deutschland und in Indien, die Bundesregierung die Eintreibung und Verteilung von Steuereinnahmen kontrolliert.

Die Autoren einer Verfassung können zwar die Verteilung der Befugnisse zwischen der Regierung der Föderation und den Einheiten festlegen, doch infolge der Entwicklungen in und jenseits der Landesgrenzen ist es wahrscheinlich, dass sich diese Verteilung im Laufe der Zeit verändert. Einige umfassende Faktoren haben zu Änderungen in den föderalen Verfassungen und in den föderalen Systemen, die sie definieren, beigetragen – und werden weiter dazu beitragen. Sie brachten entweder neue Verfassungen oder Änderungen innerhalb der bestehenden Vereinbarungen hervor. Aufgrund der Bestrebung föderaler Verfassungen, der Verlagerung von einer lokalen zu einer nationalen Wirtschaft und, in jüngerer Zeit, zur Globalisation gerecht zu werden und sie zu bewältigen, waren einige der wichtigsten Entwicklungen wirtschaftlicher Natur. Politische Veränderungen haben ebenfalls einen signifikanten Einfluss gehabt. Die Entwicklung der Europäischen Union hatte einschneidenden Einfluss auf die europäischen Föderationen, und die Demokratisierung hat den neuen und wiederbelebten Föderationen in Afrika, im früheren Sowjetblock und in Lateinamerika neuen Schwung verliehen. Schließlich führt das Erstarken ethnischer, sprachlicher und religiöser Gesinnung für praktisch alle föderalen Systeme zu neuen Herausforderungen in ihrem Versuch, Einheit und Vielfalt zu verbinden.

Einige reife föderale Demokratien – wie Australien und Indien – haben dauerhafte Verfassungen geschaffen, die noch keiner grundlegenden Reform bedurften. Die Vereinigten Staaten würden möglicherweise ebenfalls in diese Kategorie gehören, wenn nicht ein Bürgerkrieg und die daraus hervorgegangenen Verfassungsänderungen ihre Geschichte unterbrochen hätten. Eine andere, seit langem bestehende föderale

Demokratie, die Schweiz, gab sich 1999 eine neue Verfassung, wenngleich sie dabei ihre verfassungsrechtlichen Grundlagen beibehielt. Andere reife föderale Demokratien mussten sich neuen Herausforderungen ihrer verfassungsmäßigen Ordnung stellen. Deutschland musste als Folge der Wiedervereinigung mit der wirtschaftlichen Rückständigkeit der „neuen Bundesländer" fertig werden. Dies hat zu Forderungen nach einer Überprüfung der föderalen Struktur und insbesondere des Finanzausgleichssystems geführt. In Kanada führte die Zunahme separatistischer Neigungen in Quebec in den 80er und 90er Jahren zur „mega-konstitutionellen" Politik, in deren Rahmen die Kanadier eine Reihe von Vorschlägen für eine radikale Umstrukturierung ihrer Verfassung diskutierten. Obwohl letztendlich keiner dieser Vorschläge Zustimmung fand, bedeutete die Aufnahme der „Charter of Rights and Freedoms", eines Bürger- und Menschenrechtskatalogs, im Jahr 1982 einen grundlegenden Wandel in der Verfassung Kanadas.

Andere föderale Demokratien sind mit der schwierigen Aufgabe beschäftigt, nach einer Periode der Diktatur eine dauerhafte Verfassungsordnung einzuführen. In einigen Fällen – zum Beispiel Russland im Jahr 1993 und Südafrika im Jahr 1996 – repräsentieren die neuen Verfassungen den Versuch des Landes, eine lebensfähige Demokratie zu errichten. In anderen Fällen – zum Beispiel Brasilien seit 1988 und Nigeria seit 1999 – besteht die Herausforderung darin, die Verfassungsdemokratie wiederherzustellen, nachdem andere verfassungsrechtliche Arrangements versagt haben oder abgeschafft wurden und zu Militärdiktaturen geführt haben. Der Erfolg dieser föderalen Demokratien wird von ihrer Fähigkeit abhängen, die von den Diktaturen geerbten ökonomischen Probleme und ethnischen Konflikte zu lösen.

Schließlich befinden sich einige föderale Demokratien wie Belgien und Mexiko gegenwärtig inmitten eines signifikanten Verfassungswandels, der darauf zielt, die Kompetenzen der föderalen Einheiten zu stärken. In Belgien will man jedoch sicherstellen, dass die Abgabe von Macht an die föderalen Einheiten nicht zu einer ethnisch-sprachlichen Spaltung führt, die die Auflösung des Landes zur Folge hätte. In Mexiko besteht das Ziel darin, dem Föderalismus nach einem langen Zeitraum der Dominanz durch die von einer Partei kontrollierte Bundesregierung neues Leben einzuhauchen. Was auch immer das Ergebnis dieser Anstrengungen sein mag, es besteht kein Zweifel, dass sie den Bürgern, die begierig sind zu erfahren, wie andere Länder diese Probleme und Anliegen angegangen sind, zweifellos als Leitlinien – oder als Hinweise zur Vorsicht – dienen werden.

Zeitschiene der Verfassungsereignisse

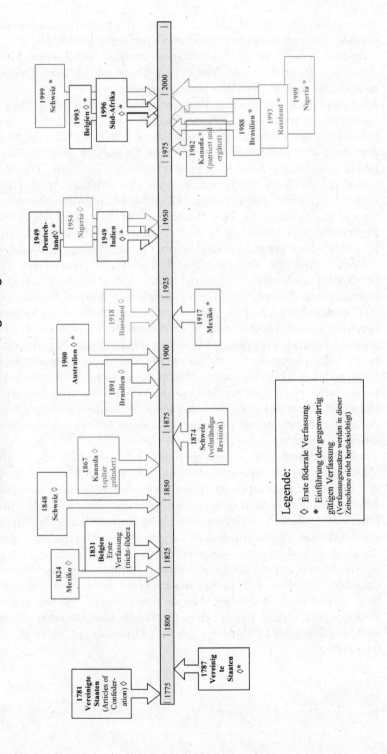

Legende:

◊ Erste föderale Verfassung

* Einführung der gegenwärtig gültigen Verfassung
   (Verfassungszusätze werden in dieser Zeitschiene nicht berücksichtigt)

Glossar

ABGABE VON BEFUGNISSEN Transfer von Befugnissen und Verantwortlichkeiten von der Zentralregierung an untergeordnete Einheiten; nicht notwendigerweise auf Verfassungsänderung beruhend.

ABORIGINES 1. ursprüngliche Bewohner eines Landes oder Territoriums; ersetzt den Ausdruck Indianer in Kanada (allerdings nicht in den USA). Auch Aboriginals 2. Ursprüngliche Bewohner Australiens; ersetzt Aborigines.

ABSPALTUNG Verlassen der Förderation durch eine Teileinheit.

ADMINISTRATIVE REGION bezieht sich auf ein Territorium unter Kolonialverwaltung.

APARTHEID gesetzlicher Rahmen für Rassentrennung und Diskriminierung gegen Nicht-Europäer in Südafrika (1948 bis in die frühen 90er Jahre).

ASYMMETRISCHER FÖDERALISMUS bezeichnet die ungleiche oder nichtidentische Verteilung von Befugnissen und Verantwortlichkeiten zwischen den einzelnen Einheiten eines föderalen Systems.

AUSGABENBEFUGNIS die Fähigkeit der Nationalregierung in einer Föderation mit Hilfe ihrer überlegenen Finanzausstattung Einfluss auf oder Kontrolle über Angelegenheiten auszuüben, die in den Hoheitsbereich der unteren Regierungsebenen fallen; wird entweder durch die Finanzierung von Bundesprogrammen oder durch die Macht, die Zahlung von der Einhaltung nationaler Normen abhängig zu machen, durchgesetzt.

BESONDERE GEMEINSCHAFT ein politischer Ausdruck zur Beschreibung der kanadischen Provinz Quebec als einzigartig im Hinblick auf Kultur und Sprache.

BUNDESKANZLER Chef der Regierung im parlamentarischen System der Bundesrepublik Deutschland.

BUNDESPARLAMENT Name der aus zwei Kammern bestehenden Legislative in Australien, Belgien, Brasilien, Kanada, Deutschland, Indien und Südafrika.

BUNDESRAT Oberhaus oder zweite Kammer der aus zwei Kammern bestehenden Legislative Deutschlands.

BUNDESREPUBLIK DEUTSCHLAND offizieller Name Westdeutschlands und später des vereinigten Deutschlands.

BUNDESTAG das vom Volk gewählte Unterhaus oder die erste Kammer der aus zwei Kammern bestehenden Legislative Deutschlands.

BUNDESVERFASSUNGSGERICHT oberstes Gericht für Verfassungsfragen in Deutschland. Vergleiche Verfassungsgericht.

CHARLOTTETOWN VEREINBARUNG 1992 intergovernmentale Vereinbarung über die Verfassungsreform in Kanada; als Ergebnis des Nichterreichens einer Mehrheit in einer landesweiten Volksbefragung aufgegeben.

CHARTER DER GRUNDRECHTE UND FREIHEITEN der im *Constitution Act 1982* verankerte kanadische Grundrechtskatalog.

COMMON LAW britische Rechtstradition, die auf den gesammelten, als Präzedenzfälle bekannten, Gerichtsentscheidungen basiert und in der gesamten englischsprachigen Welt verbreitet ist. Im Gegensatz zum Zivilrecht; vergleiche Zivilrecht.

COMMONWEALTH 1. der Britische Commonwealth, ein lockerer Zusammenschluss von souveränen Staaten, ursprünglich unter britischer Kontrolle. 2. Australische Nationalregierung im Unterschied zu den Regierungen der einzelnen australischen Bundesstaaten.

COMMONWEALTH OF AUSTRALIA offizieller Name Australiens.

COMMUNES À FACILITÉS [Französisch] Sprachgemeinden, die eine Minderheit in den belgischen Regionen darstellen und die geschützte Rechte im Hinblick auf die Sprache besitzen.

COMPACT eine vertragliche Vereinbarung zwischen zwei oder mehr politischen Einheiten, in der die beteiligten Parteien ihre Vorrangstellung behalten und für die charakteristisch ist, dass jedes teilnehmende Mitglied das Recht behält, aus der Vereinbarung auszuscheiden.

CONSTITUTION ACT, 1867 die erste und mit entsprechenden Veränderungen noch heute gültige Verfassung Kanadas; zuvor als Britischer Nordamerika Vertrag, 1867, bezeichnet.

CONSTITUTION ACT, 1982 eine Ergänzung des Constitution Act von 1867, durch die die Charter der Rechte und Freiheiten und ein innerkanadisches (und damit von Parlament des Vereinigten Königreichs unabhängiges) Verfahren zur Änderung der Verfassung hinzugefügt wurden.

DEMOKRATISCHER ZENTRALISMUS Marxistisch-Leninistische Doktrin, nach der Demokratie mit einer Ein-Parteien-Herrschaft kompatibel ist.

DEUTSCHE DEMOKRATISCHE REPUBLIK (DDR) offizieller Name Ostdeutschlands (1949-1989).

DIREKTE DEMOKRATIE Beteiligung der Bürger an der Gesetzgebung als Alternative oder Ergänzung zur Regierung gewählter Vertreter; besonders in der Schweiz durch das Verfahren der durch Bürger initiierten Volksbefragungen; auch „halb-direkt" als Hinweis darauf, dass die repräsentative Demokratie ergänzt und nicht ersetzt wird.

DOPPELTE FÖDERATION eine Föderation, die aus zwei verschiedenen Arten von Teileinheiten besteht (vor allem: Sprachgemeinschaften und territoriale

Regionen in Belgien).

DRITTE REGIERUNGSEBENE   bezieht sich auf die Regierungseinheiten unterhalb der Zentralregierung und auf die einzelnen Teileinheiten einer Föderation mit geringerem oder nicht-existentem Verfassungsrang (typischerweise Gemeinden, aber auch die Einheiten der Aborigines).

DUALER FÖDERALISMUS   die Idee einer strikten gesetzlichen Trennung der Befugnisse in einer Föderation; jede Regierungsebene regiert und verwaltet ihren eigenen Bereich autonom. Auch: wasserdichte Abteilungen.

DUMA [Russisch]   vergleiche Staatsduma.

EINHEITSSTAAT   ein Staat mit einer Zentrale der souveränen politischen Macht im Unterschied zu föderalen Staaten; kann zentralisiert oder dezentralisiert sein, doch sind dezentrale regionale oder lokale Regierungen nicht durch ihren Verfassungsrang geschützt.

ENGLISCHES KANADA   bezieht sich kollektiv auf die englischsprachige Gemeinschaft in Kanada; vergleiche Französisches Kanada.

ERSTE MINISTER   bezieht sich auf den Premierminister Kanadas und die 13 Premierminister (Regierungschefs) der 13 Provinzen und Territorien Kanadas.

ETHNO-FÖDERALISMUS   Spielart des Föderalismus, der ethnische Gemeinschaften als Teileinheiten der Föderation anerkennt.

EXEKUTIVER FÖDERALISMUS   in parlamentarischen Föderationen (z.B. Kanada, Australien, Indien) das Vorherrschen intergovernmentaler Verhandlungen zwischen oder innerhalb der verschiedenen Regierungsebenen der politischen Exekutive, weitgehend unter Ausschluss der Legislative.

FIRST NATIONS   kollektiver, von ihnen selbst gewählter Name der ursprünglichen Einwohner Kanadas, vergleiche Aboriginals.

FÖDERALER DISTRIKT   Ausdruck, der für eine Hauptstadtregion mit besonderem Status in einer Föderation benutzt wird (z.B. District of Columbia in den USA; föderaler Distrikt von Brasilia in Brasilien).

FÖDERALER RAT   1. Oberhaus oder zweite Kammer der aus zwei Kammern bestehenden Legislative in Deutschland und in Österreich (Bundesrat). 2. Exekutiver Regierungsrat und kollektives Oberhaupt der Schweizer Kantone (Bundesrat/Conseil fédéral/Consiglio federale). 3. Oberhaus oder zweite Kammer der aus zwei Kammern bestehenden Legislative der Russischen Föderation (Sovet Federatsii).

FÖDERALER SENAT   Oberhaus oder zweite Kammer der aus zwei Kammern bestehenden Legislative Brasiliens.

FÖDERALER VERFASSUNGSVORRANG   vergleiche konstitutionelle Hierarchie.

FÖDERALES BUNDESGERICHT   oberstes Gericht in der Schweiz.

FÖDERALE VERSAMMLUNG   1. die aus zwei Kammern bestehende nationale Legislative der Schweiz (Bundesversammlung). 2. die aus zwei Kammern bestehende nationale Legislative Russlands (Federalnoye Sobraniye). 3. Unterhaus der aus zwei Kammern bestehenden Legislative in Deutschland (Bundestag).

FÖDERATIONSMITGLIED   eine politische Einheit, die Mitglied einer Föderation ist (vergleiche auch Teileinheit).

FÖDERATIONSRAT   Oberhaus oder zweite Kammer der aus zwei Kammern bestehenden nationalen Legislative der Russischen Föderation.

FÖDERATIONSSTADT   *federalny gorod;* eine Stadt mit dem Verfassungsrang einer Provinz in der Russischen Föderation (z.B. Moskau, St. Petersburg).

FÖDERATIONSSUBJEKTE   bezieht sich auf die 89 unterschiedlichen Teileinheiten der Russischen Föderation, darunter Republiken, Territorien, Regionen, Autonome Gebiete, Autonome Regionen und Föderationsstädte.

FRANKOPHONE   1. Personen mit Französisch als Muttersprache. 2. Personen in einer mehrsprachigen Gesellschaft, deren Muttersprache Französisch ist (z.B. in Kanada).

FRANZÖSISCHES KANADA   bezeichnet den Teil der kanadischen Bevölkerung, dessen erste Sprache Französisch ist; vorwiegend in Quebec, in Teilen von New Brunswick, von Ontario und in kleineren Ansiedlungen in anderen Provinzen angesiedelt.

GEMEINSCHAFTEN   in Belgien Ausdruck für die sprachbasierte Teilung des Systems, die parallel zu den territorialbasierten Regionen existieren.

GENERALGOUVERNEUR   stellvertretendes Staatsoberhaupt in Australien und Kanada; offiziell der ernannte Repräsentant der Queen.

GERICHTLICHE INTERPRETATION   die Rolle der Gerichte bei der Etablierung der präzisen Bedeutung von Verfassungsvorschriften und Gesetzesvorhaben.

GLEICHE REPRÄSENTATION   die gleiche Anzahl von Vertreter der Regionen oder Teileinheiten ohne Berücksichtigung ihrer Bevölkerungszahl; üblicherweise die zweite Kammer.

GLEICHHEIT DER PROVINZEN   beschreibt die gleiche oder symmetrische Verteilung von Befugnissen und Verantwortlichkeiten auf die Provinzen einer Föderation.

GOROD [Russisch]   vergleiche Föderationsstadt.

GOSUDARSTVENNAYA DUMA [Russisch]   vergleiche Staatsduma.

GOUVERNEUR   üblicherweise Titel des gewählten Regierungschefs einer Teileinheit in einer Föderation, wie im Fall der USA (Gouverneur eines Bundesstaates) oder Russlands (Regionalgouverneur).

GRUNDGESETZ   Verfassung der Bundesrepublik Deutschland.

GRUNDRECHTSKATALOG   ein verfassungsrechtliches oder quasi-verfassungsrechtliches Dokument grundlegender Rechte; von der so genannten Bill of Rights in den USA, die ersten zehn Verfassungszusätze der amerikanischen Verfassung. Auch: Charter der Grundrechte.

GRÜNDUNGSNATIONEN   ursprünglich für Franzosen und Engländer als „erste Siedler" in Kanada benutzt; inzwischen kritisiert, weil Aboriginals nicht als frühere Bewohner des Landes anerkannt werden.

HANDELSKLAUSEL   das in Artikel I, Absatz 8 der amerikanischen Verfassung aufgeführte Recht des Kongresses „die Geschäfte mit ausländischen Nationen und zwischen den einzelnen Bundesstaaten zu regeln ...". Hauptsächliche verfassungsrechtliche Basis für die Zentralisierung des amerikanischen Föderalismus.

HIGH COURT OF AUSTRALIA   das oberste Gericht für Verfassungsrecht und die übrigen Gesetze im Australischen Commonwealth.

HOUSE OF COMMONS   Unterhaus der aus zwei Kammern bestehenden Legislative Kanadas.

HOUSE OF REPRESENTATIVES   Name des Unterhauses oder der ersten Kammer der aus zwei Kammern bestehenden Legislative in Australien, Nigeria und den USA; gelegentlich verwendet als Übersetzung der Namen des Unterhauses der belgischen, deutschen und Schweizer Legislative.

INTERGOVERNMENTALE BEZIEHUNGEN   Beziehungen zwischen den Regierungen föderaler Teileinheiten oder zwischen verschiedenen Regierungsebenen zum Zweck der Politikkoordination und/oder der Übereinkunft hinsichtlich gemeinsamer Programme.

KAMMER DER SENATOREN   Oberhaus oder zweite Kammer der aus zwei Kammern bestehenden Legislative Mexikos.

KAMMER DER VERTRETER   Unterhaus oder erste Kammer der aus zwei Kammern bestehenden Legislative in Belgien, Brasilien und Mexiko.

KANTON   Name der 26 Teileinheiten der Schweizer Föderation.

KASTEN   erbliche, soziale und religiöse hierarchische Statusgruppen in Indien.

KONFÖDERATIVES REGIERUNGSSYSTEM   eine Konföderation oder Staatenbund ist eine begrenzte und dezentralisierte Form der Union, in der die einzelnen Teileinheiten den überwiegenden Teil ihrer Souveränität und die unmittelbare Verbindung zu ihrem Volk behalten, während eine Nationalregierung bestimmte beschränkte Funktionen weitgehend auf der Basis ihr übertragener Befugnisse übernimmt.

KONKURRIERENDE BEFUGNISSE   ein Ansatz der Machtverteilung, bei dem von den Regierungsebenen implizit oder explizit erwartet wird, dass sie die Hoheit über bestimmte Politikbereiche unter sich aufteilen. Kann entweder durch das Verfassen einer Liste mit Bereichen geteilter Befugnisse umgesetzt werden oder dadurch, dass einer Regierungsebene die Befugnisse über verschiedene Funktionen übertragen werden, ohne dass damit für diese Befugnisse Exklusivität vereinbart wird.

KONGRESS   die aus zwei Kammern bestehende nationale Legislative im Präsidialsystem der USA. Vorher die aus nur einer Kammer bestehende Institution der USA unter der Verfassung der amerikanischen Konföderation.

KONGRESS DER UNION   die aus zwei Kammern bestehende Legislative im Präsidialsystem Mexikos; auch Bundeskongress.

KONSTITUTIONELLE HIERARCHIE   Regel, nach der die nationale Verfassung über den Verfassungen der föderalen Teileinheiten steht; vergleiche Vorrangklausel.

KONSTITUTIONELLE MONARCHIE   historisch ein System, in dem die königliche Macht nicht absolutistisch sondern durch eine Verfassung begrenzt war; beschreibt heute die Existenz der noch verbliebenen monarchischen Staatsoberhäupter in parlamentarischen Demokratien (z.B. Australien, Kanada).

KOOPERATIVER FÖDERALISMUS   Theorie und Praxis des modernen Föderalismus, nach der die Regierungsebenen bei der Gestaltung und Umsetzung politischer Maßnahmen in Bereichen überlappender Verantwortlichkeiten zusammenarbeiten. In einigen Föderationen vorgeschrieben (z.B. in Deutschland die „Gemeinschaftsaufgaben"), häufiger aber als Anpassung der unteren Regierungsebenen an die Realitäten moderner Herrschaftsausübung. Muss nicht notwendigerweise eine Gleichheit der Macht und der Ressourcen der beteiligten Regierungsebenen beinhalten und kann in der Tat eine Form des zwingenden Föderalismus darstellen, in dem nationale Politikmaßnahmen mit Hilfe der überlegenen Ausstattung der nationalen Regierung mit Ressourcen und Macht durchgesetzt werden.

KRONE   formaler Ausdruck für die souveräne Macht in Ländern mit einer verbliebenen Monarchie wie in Kanada und Australien.

LAND   Name der 16 Teileinheiten der deutschen Föderation.

LOK SABHA [Hindi]   Unterhaus oder untere Kammer der aus zwei Kammern bestehenden Legislative Indiens.

MAGISCHE FORMEL 1959 geschlossenes Abkommen zur Machtteilung; Aufteilung der Sitze in der Schweizer Bundesversammlung unter den vier großen Parteien. 2003 modifiziert.

MEECH LAKE VEREINBARUNG   intergovernmentale Vereinbarung von 1987 über Verfassungsänderungen in Kanada; fehlgeschlagene Ratifizierung; vergleiche besondere Gemeinschaft.

MEHRHEITSWAHL   Methode, den Gewinner einer Wahl zu bestimmen, ohne dass dieser die Stimmenmehrheit sondern lediglich mehr Stimmen als alle anderen Kandidaten bekommen muss; auch „first past-the-post".

MEXIKANISCHE REVOLUTION   Ausgangspunkt für Volksaufstände in der Geschichte Mexikos, führte schließlich zur Verfassung von 1917.

MULTIKULTURALISMUS   eine Konzeption oder Politik, die sich der Tolerierung und dem Schutz kultureller Vielfalt in einem Land verpflichtet fühlt (z.B. Australien, Kanada).

NATIONALE AUTONOME PROVINZ   Name einer Teileinheit der Russischen Föderation.

NATIONALER AUTONOMER DISTRIKT   Name von 10 Teileinheiten der Russischen Föderation.

NATIONALER GERICHTSRAT   eine Einrichtung des Bundes in Nigeria, die Macht hat, über Ernennungen, Beförderungen und die Disziplin im Rechtssystem und über die Finanzierung des Rechtssystems des Landes zu entscheiden.

NATIONALE REPUBLIKEN   Name von 21 der 89 Teileinheiten der Russischen Föderation. Vergleiche: Föderationssubjekte.

NATIONALER RAT DER PROVINZEN   Oberhaus oder zweite Kammer der aus zwei Kammern bestehenden Legislative Süd-Afrikas.

NATIONALKONGRESS   die aus zwei Kammern bestehende nationale Legislative im präsidialen Regierungssystem Brasiliens.

NATIONALRAT *Conseil national/Consiglio nazionale;* Unterhaus oder erste Kammer der aus zwei Kammern bestehenden Legislative der Schweiz.

NATIONALVERSAMMLUNG Unterhaus oder erste Kammer der aus zwei Kammern bestehenden Legislative in Nigeria und Südafrika.

NORDAMERIKANISCHES FREIHANDELSABKOMMEN (NAFTA) eine Reihe von bilateralen Abkommen, in denen die Regeln für den Freihandel zwischen Kanada, den USA und Mexiko festgelegt werden.

NOTWENDIG UND ANGEMESSEN die letzte Klausel von Artikel I, Abschnitt 8, der amerikanischen Verfassung, die die Befugnisse des Kongresses aufzählt; erweitert den Bereich der aufgezählten Befugnisse des Kongresses, indem sie dem Kongress gestattet, „alle Gesetze zu erlassen, die für die Ausübung der beschriebenen Befugnisse notwendig und angemessen sind"; Kern der Zentralisierung des föderalen System der USA.

OBERSTES FÖDERALES TRIBUNAL höchstes Gericht in Brasilien.

OBERSTES GESETZ DER UNION die föderale Verfassung Mexikos, das Gesetz über den Kongress der Union, das daraus abgeleitet ist, und internationale Verträge gemäß Artikel 133 der mexikanischen Verfassung.

PANCHAYATS Einrichtungen der Gemeinden oder lokale Regierungen in den ländlichen Gebieten Indiens.

PARLAMENT die Legislative in jedem Land, in dem die politische Exekutive durch die Legislative gebildet wird und ihr verantwortlich ist (z.b. Australien, Kanada, Deutschland, Indien und Süd-Afrika). Wird gelegentlich zur ausschließlichen Benennung der nationalen Legislative verwendet oder auch für die Legislative der föderalen Teileinheiten (Australien).

PATRIATION Ergänzung der kanadischen Verfassung um eine innerkanadische Formel für Verfassungsänderungen im Jahr 1982; dadurch Beendigung der Abhängigkeit von der externen Gesetzgebung des Vereinigten Königreichs bei kanadischen Verfassungsänderungen.

PRÄSIDENT Staatsoberhaupt in nicht-monarchischen parlamentarischen Systemen (z.B. in Deutschland und Indien) und in gemischten Systemen (Südafrika, Russland, Schweiz); oder gemeinsam als Staatsoberhaupt und Regierungschef in präsidialen Systemen (z.B. Brasilien, Mexiko, Nigeria, USA).

PREMIERMINISTER Regierungschef in parlamentarischen Systemen (z.B. Australien, Belgien, Kanada, Indien).

PROPORTIONALE REPRÄSENTATION Methode, Sitze in der Legislative entsprechend dem Stimmenanteil der Parteien mit Hilfe landesweiter oder regionaler Wahlbezirke mit mehreren Repräsentanten zuzuordnen. Auch: PR.

PROVINZ Name einer föderalen Teileinheit, als Alternative zu den Bundesstaaten, in verschiedenen Föderationen (Kanada 10 Provinzen; Südafrika 9 Provinzen; Russland 49 Provinzen); in einigen Föderationen verwendet, um Einheiten unterhalb der föderalen Teileinheiten zu bezeichnen (z.B. Spanien).

RAJYA SABHA [Hindi] Oberhaus in der aus zwei Kammern bestehenden nationalen Legislative Indiens.

REGIERUNGSEBENEN umfasst in einer Föderation die nationale und verschiedene Regierungsebenen unterhalb der Nation; typischerweise eine überbrückende Nationalregierung, mehrere breit angelegte Regionalregierungen der föderalen Teileinheiten und eine Vielzahl von lokalen Regierungen, insbesondere Gemeinden; komplexere Arrangements existieren jedoch (z.B. Russland).

REGION   Ausdruck für die drei territorialen Einheiten in Belgien (Wallonien, Flandern, Brüssel).

REPUBLIK   1. wichtigste föderale Teileinheit in der Russischen Föderation. 2. Regierungssystem, in dem die politische Macht von denen ausgeübt wird, die, einschließlich des Staatsoberhauptes, direkt oder indirekt vom Volk gewählt wurden.

RESIDUALBEFUGNISSE   nicht spezifizierte Befugnisse, die von der Bundesverfassung weder implizit noch explizit einer bestimmten Regierungsebene zugeordnet wurden und die im Gegensatz zu den explizit aufgezählten Befugnissen stehen.

RUSSISCHE SOZIALISTISCHE FÖDERATION DER SOWJETREPUBLIKEN (RSFSR)   offizieller Name Russlands von 1918 bis 1924 vor dem Zusammenschluss mit der Union der Sozialistischen Sowjetrepubliken (UdSSR).

SATZUNG DER KONFÖDERATION (UND EWIGEN UNION)   erste Verfassung der USA, 1781-88.

SCHWEIZER KONFÖDERATION   offizieller Name der Schweiz – trotz der Tatsache, dass die Schweiz seit 1848 eine echte Föderation und keine Föderation ist.

SELBSTVERWALTUNG   beschreibt die Forderung oder das Recht auf Autonomie oder Selbstbestimmung; für die ursprünglichen Bewohner Kanadas im kanadischen Verfassungsgesetz von 1982 verankert.

SENAT   Name des Oberhauses oder der zweiten Kammer der aus zwei Kammern bestehenden Legislative Australiens, Belgiens, Brasiliens, Kanadas, Nigerias, Mexikos und der USA.

SHARIAH   kodiertes Recht des Islam, in Kraft in den nördlichen Bundesstaaten Nigerias.

SOUVERÄNE IMMUNITÄT   Prinzip des Konstitutionalismus in den USA, nach dem die Bundesstaaten in Übereinstimmung mit ihrem halb-souveränen Status Schutz vor Eingriffen der nationalen Ebene in ihre Angelegenheiten genießen sollten.

SPRACHGEMEINSCHAFT   bezieht sich auf die drei selbstverwalteten kulturellen Gemeinschaften in der belgischen Föderation, die sich von den territorial definierten Regionen unterscheiden.

STAATEN   Name der föderalen Teileinheiten in den Föderationen Australiens (6 Staaten), Brasiliens (26 Staaten), Indiens (28 Staaten), Mexikos (31 Staaten), Nigerias (36 Staaten) und der USA (50 Staaten).

STAATSDUMA   Unterhaus oder erste Kammer der aus zwei Kammern bestehenden Legislative Russlands.

STÄNDERAT   1. Oberhaus oder zweite Kammer der aus zwei Kammern bestehenden nationalen Legislative der Schweiz 2. eine von mehreren intergovernmentalen Einrichtungen der Streitschlichtung in der nigerianischen Verfassung.

SUBSIDIARITÄT   Prinzip, nach dem jede Aufgabe der untersten Regierungsebene vorbehalten bleiben soll, die diese effektiv erfüllen kann.

SUPREME COURT das oberste Gericht für Verfassungsfragen und allgemeines Recht in Kanada, Indien, Mexiko, Nigeria und den USA.

SYMMETRISCHER FÖDERALISMUS bezeichnet die gleiche oder identische Verteilung von Befugnissen und Verantwortlichkeiten innerhalb der und zwischen den einzelnen Ebenen in einem föderalen System.

TEILEINHEIT ein verfassungsrechtlich anerkanntes Mitglied einer Föderation.

TERRITORIALER FÖDERALISMUS die gängige Unterteilung föderaler Systeme in geografisch definierte Teileinheiten, im Unterschied zu sprachlichen, kulturellen, ethnischen oder anderen Identitätsquellen.

TERRITORIALITÄTSPRINZIP vorrangige Beachtung geografisch definierter Teileinheiten im Vergleich zu anderen Identitätsquellen.

TERRITORIEN Name von solchen Teilen einer Föderation, die nicht den Status einer föderalen Teileinheit besitzen (im Unterschied zu Provinzen, Bundesstaaten etc.); können, müssen aber nicht das Recht zur Selbstverwaltung haben (2 selbstverwaltete Territorien in Australien, 3 in Kanada, 1 in Nigeria, 6 in Russland). Vergleiche Unionsterritorien.

TSCHETSCHENIENURTEIL 1995 gefällte Entscheidung des russischen Verfassungsgerichtes, mit der der Einsatz militärischer Gewalt bei der Intervention in separatistischen Konflikten für rechtens erklärt wurde (z.B. in der Tschetschenischen Republik).

TSCHETSCHENISCHE REPUBLIK eine föderale Teileinheit der Russischen Föderation mit einer militanten Separatistenbewegung und fortdauernder militärischer Intervention.

UNION 1. informeller Bezug auf eine Föderation insgesamt oder auf die nationale Regierungsebene 2. offizieller Name der Indischen Föderation.

UNIONSTERRITORIEN Name für sechs territoriale Einheiten Indiens.

UNIVERSELLE SOZIALLEISTUNGEN öffentliche Sozialleistungen, zu denen alle Bürger gleichen Zugang haben.

UNTERKASTE eine Untergliederung der Kasten; vergleiche Kasten.

URSPRÜNGLICH Auf die ursprünglichen Bewohner spezifischer Regionen in Nigeria gemünzter Ausdruck, der den Unterschied zu den aus anderen Teilen des Landes Hinzugezogenen verdeutlicht.

URSPRÜNGLICHE EINWOHNER abgeleiteter Ausdruck für die ursprünglichen Bewohner eines Landes oder einer Region; vergleiche Aboriginals.

ÜRSPRÜNGLICHKEITSRECHTE Verfassungsrechte der ursprünglichen Bevölkerung in Nigeria.

VERANTWORTLICHE REGIERUNG der britische oder „Westminster"-Ausdruck für eine Exekutivregierung, die dem Volk über den Umweg der vom Volk in das Parlament gewählten Vertreter Rechenschaft schuldet (d.h. eine parlamentarische Demokratie).

VERFASSUNGSGERICHT eine Einrichtung des Rechtssystems, die insbesondere im Hinblick auf verfassungsrechtliche Fragen einschließlich der Beziehungen zwischen den einzelnen Regierungsebenen in einer Föderation höchstrichterliche

Entscheidungen trifft, im Unterschied zu einem „Obersten Gericht" oder einem Gericht, das als letzte Instanz des allgemeinen Gerichtswesens fungiert. Erstmalig in Österreich eingesetzt; Beispiele umfassen heute den belgischen Cour d'arbitrage und das deutsche Bundesverfassungsgericht und die Verfassungsgerichte Süd-Afrikas und der Russischen Föderation.

VERFASSUNGSRECHTLICHE ÜBERPRÜFUNG die Macht der Gerichte, über die Verfassungsmäßigkeit von Gesetzesvorhaben oder von Verwaltungsakten zu entscheiden.

VERTEILUNG DER GESETZGEBUNGSHOHEIT verfassungsrechtliche Aufteilung der Gesetzgebungshoheit auf die unterschiedlichen Regierungsebenen (auch: Verteilung der Befugnisse; Machtverteilung).

VORRANGKLAUSEL im Allgemeinen eine Verfassungsklausel, die in einer Föderation den Vorrang der nationalen Gesetze vor den Gesetzen der einzelnen Teileinheiten der Föderation festlegt; im Besonderen, Artikel VI, Absatz 2 der amerikanischen Verfassung.

WETTBEWERBLICHER FÖDERALISMUS die Idee, dass die Regierungen der Teileinheiten einer Föderation miteinander und mit der nationalen Regierung konkurrieren sollten, um die sozio-ökonomische Effizienz und die Effektivität bei der Bereitstellung öffentlicher Leistungen zu verbessern.

WILLENSNATION Ausdruck, der sich darauf bezieht, dass die Bildung der Schweizer Föderation auf dem Wege eines Willensaktes der Bevölkerung und nicht als natürlicher Ausdruck eines Nationalgefühls oder einer nationalen Identität erfolgte.

ZENTRALISMUS Konzentration der Macht und der Verantwortlichkeiten auf der nationalen Regierungsebene

ZIVILRECHT die Gesamtheit des Zivilrechts, das sich aus dem römischen Recht entwickelte und aus Gesetzen oder einer Gesetzessammlung besteht; im Unterschied zu dem auf Präzedenzfällen basierenden *Common Law;* vergleiche *Common Law.*

ZWEITE KAMMER eine der Kammern in einem Zwei-Kammer-System, mit einer anderen als der strikten demokratischen Repräsentation auf Basis der Bevölkerung; in Föderationen die Kammer, durch die die föderalen Teileinheiten in bestimmter Weise repräsentiert werden.

Autorinnen und Autoren

IGNATIUS AKAAYAR AYUA, Generalanwalt, Föderale Republik Nigeria

RAOUL BLINDENBACHER, Vizepräsident, Forum of Federations, Kanada/Schweiz

BARBARA BROOK, Programmanager, Global Dialogue Programm, Forum of Federations, Kanada

KRIS DESCHOUWER, Professor für Politische Wissenschaften, Vrije Universität Brüssel, Belgien

JUAN MARCOS GUTIÉRREZ GONZÁLEZ, Generalkonsul von Mexiko, Denver, Colorado, USA/Mexiko

RAINER KNOPFF, Professor für Politische Wissenschaften and assoziierter Vizepräsident, Research and International, Universität von Calgary, Kanada

JUTTA KRAMER, Rechtsanwältin und leitende Forschungsassistentin, Institut für Föderale Studien, Universität Hannover, Deutschland

KATY LE ROY, Assistant Director, Centre for Comparative Constitutional Studies, Universität Melbourne, Australien

AKHTAR MAJEED, Professor für Politische Wissenschaften und Direktor des Centre for Federal Studies, Hamdard Universität, New Delhi, Indien

ABIGAIL OSTIEN, Kommunikationskoordinatorin, Global Dialogue Programm, Forum of Federations, Kanada

MARAT SALIKOV, Direktor, Rechtsinstitut der Urals State Law Akademie und Professor an der Urals State Law Akademie, Yekaterinburg, Russland

CHERYL SAUNDERS, Rechtsprofessor, Universität Melbourne, Australien

ANTHONY SAYERS, Associate Professor für Politische Wissenschaften, Universität Calgary, Kanada

NICOLAS SCHMITT, Research Fellow, Institut für Föderalismus, Universität Fribourg, Schweiz

CELINA SOUZA, Professor und Wissenschaftler für Politische Wissenschaften und öffentliche Verwaltung, Bundesuniversität von Bahia, Brasilien

NICO STEYTLER, Direktor des Community Law Centre, University of the Western Cape, Südafrika

G. ALAN TARR, Direktor des Center for State Constitutional Studies und Vorsitzender des Department of Political Science, Rutgers University-Camden, USA

Teilnehmende Expertinnen und Experten

Für ihre Beiträge danken wir den folgenden Expertinnen und Experten, die sich am Thema Verfassungsrechtliche Ursprünge, Strukturen und Wandel in Bundesstaaten beteiligt haben. Während die Teilnehmenden ihr Wissen und ihre Erfahrung eingebracht haben, sind sie doch in keiner Weise für den Inhalt dieser Schrift verantwortlich.

José Roberto Afonso, Brasilien
Basília Aguirre, Brasilien
Peter Akper, Nigeria
Chris Alcantara, Kanada
E. Alemika, Nigeria
Zinaida Alexandrova, Russland
Miguel Ángel Romo, Mexiko
Marta Arretche, Brasilien
Jean-François Aubert, Schweiz
Céline Auclair, Kanada
Ignatius Ayua, Nigeria
E.C.J. Azinge, Nigeria
Janet Azjenstat, Kanada
Lynn Baker, USA
Gérald Beaudoin, Kanada
Wouter Beke, Belgien
Svetlana Bendyurina, Russland
Gilberto Bercovici, Brasilien
C.P. Bhambri, Indien
Vladimir Boublik, Russland

Dirk Brand, Südafrika
Claudine Brohi, Schweiz
A.J. Brown, Australien
César Camacho Quiroz, Mexiko
Jaime Cárdenas Gracia, Mexiko
Siska Castelein, Belgien
Octavio Chavez, Mexiko
Jan Clement, Belgien
Jamison Colburn, USA
Barry Cooper, Kanada
Fernando Cosenza, Brasilien
Juan José Crispín Borbolla, Mexiko
David De Groot, Kanada
Kris Deschouwer, Belgien
Hugues Dumont, Belgien
Alex Ekwueme, Nigeria
Vanessa Elias de Oliveira, Brasilien
Rebeca Elizalde Hernández, Mexiko

Fred Erdman, Belgien
Simon Evans, Australien
Patrick Fafard, Kanada
James Faulkner, Australien
Carlos Figueiredo, Brasilien
Thomas Fleiner, Schweiz
Rubén Jaime Flores Medina,
Mexiko
Stephen Frank, USA
Carlos Gadsden Carrazco, Mexiko
Brian Galligan, Australien
Roger Gibbins, Kanada
Tatiana Gladkova, Russland
Leslie Goldstein, USA
Manuel González Oropeza,
Mexiko
Karthy Govender, Südafrika
Michael Grant, Mexiko
Tonatiuh Guillén López, Mexiko
Desiree Guobadia, Nigeria
Juan Marcos Gutiérrez González,
Mexiko
Geoffrey Hale, Kanada
Ian Harris, Australien
N. Hembe, Nigeria
Simone Hermans, Südafrika
Jan Martin Hoffmann,
Deutschland
Meenakshi Hooja, Indien
Javier Hurtado González, Mexiko
Gennady Ignatenko, Russland
R.B. Jain, Indien
César Jáuregui Robles, Mexiko
Harold Jensen, Kanada
Nirmal Jindal, Indien
B.B. Kanyip, Nigeria
Subhash C. Kashyap, Indien
Ellis Katz, USA
Cristiane Kersches, Brasilien
Arshi Khan, Indien
Farah Khan, Indien
John Kincaid, USA
Paul King, Kanada
Rainer Knopff, Kanada

Alexander Kokotov, Russland
Royce Koop, Kanada
Jutta Kramer, Deutschland
Christopher Kukucha, Kanada
T. Ladan, Nigeria
Nicolas Lagasse, Belgien
Natalia Larionova, Russland
Harvey Lazar, Kanada
Katy Le Roy, Australien
Dörte Liebetruth, Deutschland
Geoffrey Lindell, Australien
Marina Lomovtseva, Russland
Augustin Macheret, Schweiz
Akhtar Majeed, Indien
Christopher Manfredi, Kanada
Preston Manning, Kanada
Bernardo H. Martínez Aguirre,
Mexiko
George Mathew, Indien
David McCann, Australien
Peter McCormick, Kanada
Nadezhda Mershina, Russland
Geraldine Mettler, Südafrika
Hans Michelmann, Kanada
Adrián Miranda, Mexiko
Eamon Morann QC, Australien
F.L. Morton, Kanada
Radinaledi Mosiane, Südafrika
Christina Murray, Südafrika
Marie Nagy, Belgien
A.S. Narang, Indien
Svetlana Nesmeyanova, Russland
Valeri Nevinski, Russland
A. G. Noorani, Indien
Charles-Ferdinand Nothomb,
Belgien
Ofem Obno-Obla, Nigeria
Alessandro Octaviani, Brasilien
Lawal Olayinka, Nigeria
Donald David Onje, Nigeria
Brian Opeskin, Australien
Waldeck Ornelas, Brasilien
Sam Oyovbaire, Nigeria
Francisco José Paoli Bolio, Mexiko

Victor Perevalov, Russland
Javier Pérez Torres, Mexiko
Derek Powell, Südafrika
Adriano Previtali, Schweiz
Balraj Puri, Indien
Paul Rabbat, Australien
H. Ramchandran, Indien
Fernando Rezende da Silva,
Brasilien
Horst Risse, Deutschland
Heather Roberts, Australien
Eduardo C. Robreno, USA
Rocío Arleth Rodríguez Torres,
Mexiko
Vladimir Rusinov, Russland
Marat Salikov, Russland
Alexander Salomatkin, Russland
Cheryl Saunders, Australien
Peter Savitski, Russland
Rekha Saxena, Indien
Anthony Sayers, Kanada
Nicolas Schmitt, Schweiz
Hans-Peter Schneider,
Deutschland
Rainer-Olaf Schultze, Deutschland
Pierre Scyboz, Schweiz
Campbell Sharman, Kanada
Ronli Sifiris, Australien
Ajay K. Singh, Indien
Chhatar Singh, Indien
M.P. Singh, Indien
Khalipile Sizani, Südafrika
Celina Souza, Brasilien
Yuri Skuratov, Russland
Donald Speagle, Australien
David Stewart, Kanada
Nico Steytler, Südafrika
Kumar Suresh, Indien
Faiz Tajuddin, Indien
Fauzaya Talhaoui, Belgien
G. Alan Tarr, USA
Maria Hermínia Tavares de
Almeida, Brasilien
Paul Thomas, Kanada

Krisztina Toth, Schweiz
Anne Twomey, Australien
A.A. Ujo, Nigeria
Bala Usman, Nigeria
Marnix Van Damme, Belgien
Oscar Vega Marín, Mexiko
Francois Venter, Südafrika
Ludo Veny, Belgien
Magali Verdonck, Belgien
Andrey Vikharev, Russland
Oscar Vilhena, Brasilien
Bernhard Waldmann, Schweiz
Kristen Walker, Australien
Adam Wand, Australien
Ronald L. Watts, Kanada
Bernard Wicht, Schweiz
Robert F. Williams, USA
George Winterton, Australien
Lisa Young, Kanada
Elman Yusubov, Russland
Vladimir Zadiora, Russland
Mikhail Zatsepin, Russland
Emilio Zebadúa González, Mexiko

Publikationen erhältlich auf Deutsch

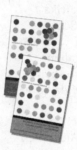

Verfassungsrechtliche Ursprünge, Strukturen und Wandel in Bundesstaaten
Herausgegeben von Raoul Blindenbacher und Abigail Ostien

Kompetenzverteilung und Verantwortlichkeiten in Bundesstaaten
Herausgegeben von Raoul Blindenbacher und Abigail Ostien

Gesetzgebungs-, Verwaltungs- und Justizstrukturen in Bundesstaaten
Herausgegeben von Raoul Blindenbacher und Abigail Ostien

Praxis des Finanzföderalismus: vergleichende Perspektiven
Edited by Raoul Blindenbacher and Abigail Ostien Karos

Außenbeziehungen von Bundesstaaten
Herausgegeben von Raoul Blindenbacher und Chandra Pasma

Lokale und Großstädtische Regierungsstrukturen in Bundesstaaten
Herausgegeben von Raoul Blindenbacher und Chandra Pasma

Publikationen erhältlich auf Englisch

Handbook of Federal Countries, 2005
Edited by Ann L. Griffiths, Coordinated by Karl Nerenberg

An indispensable reference book on the developments, political dynamics, institutions, and constitutions of the world's federal countries.

Published for the Forum of Federations

For more than two centuries federalism has provided an example of how people can live together even as they maintain their diversity. The Handbook of Federal Countries, 2005 continues the tradition started by the 2002 edition, updating and building on the work of Ronald Watts and Daniel Elazar in providing a comparative examination of countries organized on the federal principle.

Unique in its timely scope and depth, this volume includes a foreword by former Forum President Bob Rae that reflects on the importance of the federal idea in the contemporary world. New comparative chapters examine the recent draft constitutional treaty in Europe and the possibility of federalism being adopted in two countries with longstanding violent conflicts-Sri Lanka and Sudan.

As a project of the Forum of Federations, an international network on federalism in practice, the 2005 handbook is an essential sourcebook of information, with maps and statistical tables in each chapter.

ANN GRIFFITHS is Professor, Dalhousie College of Continuing Education, Dalhousie University.
KARL NERENBERG is former Director of Public Information and Senior Editor, Forum of Federations.

0-7735-2888-1
6 x 9 488pp 30 maps

Constitutional Origins, Structure and Change in Federal Countries
Edited by John Kincaid and G. Alan Tarr

Published for the Forum of Federations and the International Association of Centers for Federal Studies (IACFS)
Global Dialogue on Federalism, Book Series, Volume 1

Providing examples of diverse forms of federalism, including new and mature, developed and developing, parliamentary and presidential, and common law and civil law, the comparative studies in this volume analyse government in Australia, Belgium, Brazil, Canada, Germany, India, Mexico, Nigeria, Russia, South Africa, Switzerland and the United States. Each chapter describes the provisions of a constitution and explains the political, social, and historical factors that influenced its creation, and explores its practical application, how it has changed, and future challenges, offering valuable ideas and lessons for federal constitution-making and reform.

JOHN KINCAID is Professor of Government and Public Service and director of the Robert B. and Helen S. Meyner Center for the Study of State and Local Government at Lafayette College, Easton, Pennsylvania.
G. ALLAN TARR is director of the Center for State Constitutional Studies and chair of the Department of Political Science at Rutgers University-Camden.

0-7735-2916-0 paper
0-7735-2849-0 cloth
6 X9 480 pp 13 maps

Federations: What's new in federalism worldwide

Edited by Rod Macdonell

Published three times per year

- A specialized magazine, geared toward practitioners of federalism, with stories on current events in federal countries and how these relate to their federal systems of government
- Theme-related articles that explore specific aspects of federal governance worldwide
- Each issue offers a snapshot of federalism in its current state around the world

BESTELLFORMULAR: Fax +1 (613) 244-3372
Berechnen Sie mir bitte (eine Option ankreuzen):
❑ $25 CDN pro Jahr in Kanada; ❑ €20 in der Eurozone; ❑ $25 U.S. sonst
Per: ❑ Visa # _____ ❑ Mastercard # _____
     Gültig bis: _____
Name: _____
Organisation: _____
Adresse: _____
Stadt / Provinz oder Bundesstaat: _____
Land: _____ Postleitzahl: _____
Telefon: _____ E-Mail: _____

McGill-Queen's University Press

Bitte schicken Sie mir:

_____ Constitutional Origins, Structure, and Change ... (2916-0, Vol. 1)$_____

_____ Distribution of Powers and Responsibilities ... (2974-8, Vol. 2) $_____

_____ Legislative, Executive and Judicial Governance ... (3163-7, Vol. 3)$_____

_____ Verfassungsrechtliche Ursprünge ... (3308-0, Bookletreihe Vol. 1) $_____

_____ Kompetenzverteilung ... (3309-7, Bookletreihe Vol. 2) $_____

_____ Gesetzgebungs-, ...(3310-0, Bookletreihe Vol. 3) $_____

_____ Praxis des Finanzföderalismus... (3311-0, Bookletreihe Vol. 4) $_____

_____ Außenbeziehungen ... (3312-7, Bookletreihe Vol. 5) $_____

Porto:

Nordamerika: $5.00 USD für das erste Buch, $1.50 für jedes weitere.

Übersee: $5.50 USD für das erste Buch, $2.00 für jedes weitere) $_____

Zwischensumme $_____

Einwohner der Bundesstaaten Kalifornien / New York bitte 8.25%

Umsatzsteuer aufschlagen $_____

Einwohner Kanadas bitte 6% GST aufschlagen

(GST Nummer R132094343) $_____

Gesamt $_____

Schicken Sie Bestellungen an:
Direct Sales Manager, McGill-Queen's University Press
3430 McTavish Street, Montreal, QC H3A 1X9 Kanada

Zahlung oder Kreditkarteninformation muss der Bestellung beigefügt sein.

☐ Scheck/Zahlungsanweisung (ausgestellt auf McGill-Queen's University Press).

☐ VISA   ☐ MasterCard

_____

Nummer der Kreditkarte   Gültig bis

_____

Unterschrift

_____

Telefon/E-Mail

Versandadresse:

_____

Name

_____

Strasse

_____

Stadt, Provinz/Staat, Postleitzahl

Notizen

Notizen